UNIFORMEN UND RÜSTUNGEN

Ein Bildlexikon

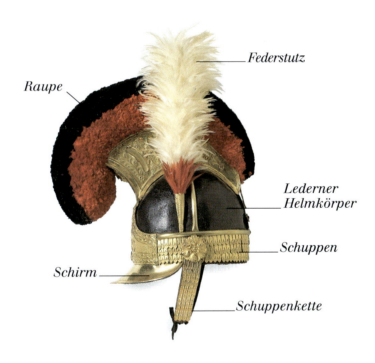

GROSSBRITANNIEN, RAUPENHELM DER LIFE GUARDS, UM 1814

Louise Tucker (Hrsg.)

UNIFORMEN UND RÜSTUNGEN

Ein Bildlexikon

**GALAUNIFORM
EINES GROSSADMIRALS
DER ROYAL NAVY, 1904 – 1949**

MOTORBUCH VERLAG STUTTGART

EIN DORLING KINDERSLEY BUCH

Project Art Editors Clare Shedden, Ross George
Designer Lesley Betts

Project Editor Louise Tucker
Consultant Editor Dr Richard Holmes

Series Art Editors Stephen Knowlden, Paul Wilkinson
Series Editor Martyn Page
Art Director Chez Picthall
Managing Editor Ruth Midgley

Photography James Stevenson, Geoff Dann, Tim Ridley
Illustrations Ian Fleming and Associates Limited

Production Hilary Stephens

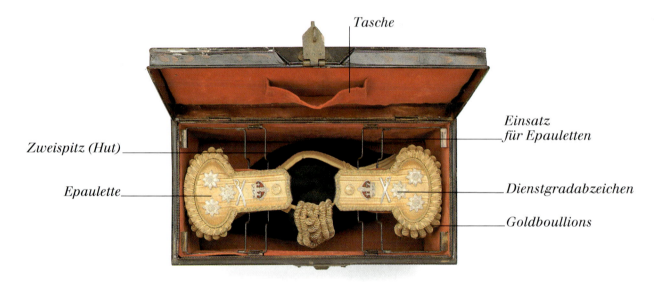

Tasche — *Einsatz für Epauletten* — *Zweispitz (Hut)* — *Epaulette* — *Dienstgradabzeichen* — *Goldboullions*

HUTBEHÄLTER EINES ADMIRALS DER ROYAL NAVY, 1901 – 1949

Originaltitel: Eyewitness Visual Dictionaries – The Visual Dictionary of Military Uniforms
Copyright ©1992 by Dorling Kindersley Limited, 9 Henrietta Street, London WC2E 8PS
Einbandgestaltung: Bernd Peter, unter Verwendung von Teilen des Originalumschlags.
Die Übertragung ins Deutsche besorgte Karl Veltzé jun.
Deutsche Bearbeitung: Karl Veltzé (2x)

ISBN 3-613-01733-4

1. Auflage 1996
Copyright © by Motorbuch Verlag, Postafach 10 37 43, 70032 Stuttgart.
Ein Unternehmen der Paul Pietsch-Verlage GmbH & Co.
Sämtliche Rechte der Verbreitung in deutscher Sprache sind vorbehalten.

Printed in Italy

Inhalt

HALBMASKE (MEMPO) EINES JAPANISCHEN SAMURAI, 19. JAHRHUNDERT

USA, HUBSCHRAUBERPILOT, UM 1990

FRANKREICH, OFFIZIERTSCHAPKA, UM 1858

DER RÖMISCHE LEGIONÄR 6
DER RITTER 8
DIE RÜSTUNG 10
DER SAMURAI 12
PARADEUNIFORMEN 14
ARKEBUSIERE UND PIKENIERE 16
KOPFBEDECKUNGEN 18
DER AMERIKANISCHE UNABHÄNGIGKEITSKRIEG 20
HUSAREN UND KARABINIERS 22
GRENADIERE UND FÜSILIERE 24
EPAULETTEN UND UNIFORMABZEICHEN 26
DIE MARINEN DER BEFREIUNGSKRIEGE 28
ORDEN UND EHRENZEICHEN 30
DIE NORDSTAATEN 32
DIE SÜDSTAATEN 34
SCHUHWERK 36
KHAKI-UNIFORMEN 38
KOPPEL UND HOLSTER 40
DIE INFANTERIE DES ERSTEN WELTKRIEGES 42
GEFECHTSGEPÄCK 44
DAS ROYAL FLYING CORPS 46
SCHUTZMASKEN UND GESICHTSSCHUTZ 48
DIE WEHRMACHT 50
TARNBEKLEIDUNG 52
DER VIETNAM-KRIEG 54
MODERNE SEESTREITKRÄFTE 56
STRAHLJÄGER-PILOTEN 58
REGISTER 60
DANKSAGUNGEN 64

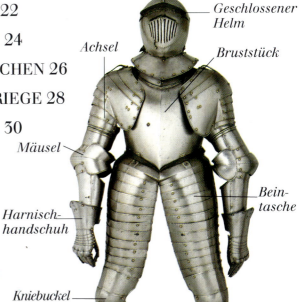

DEUTSCHER KÜRASSIERHARNISCH, 17. JAHRHUNDERT

GROSSBRITANNIEN, OFFIZIERSTIEFEL, ERSTER WELTKRIEG (1914 - 1918)

SÄBELTASCHE EINES KAVALLERIEOFFIZIERS, UM 1840

Der römische Legionär

DIE FUSSTRUPPEN DER LEGIONEN STELLTEN den wichtigsten Bestandteil der römischen Armee dar. Sie kämpften diszipliniert in eingeübten Verbänden und waren hervorragend bewaffnet und ausgerüstet. Die typische Bewaffnung eines Legionärs bestand aus einem Wurfspieß (Pilum), einem Kurzschwert (Gladius) sowie einem Dolch (Pugio). Seine Rüstung (Lorica) trug er über der wollenen Tunika, dazu einen Schild (Scutum), einen Helm (Galea), den Schutzgürtel und Sandalen (Caligae). Der Schienenpanzer setzte sich aus einander überlappenden Eisenbändern zusammen, die an einem innen verlaufenden Lederriemen angenietet waren. Am Hals und um die Hüfte war der Rand umgebördelt, damit sich der Soldat nicht aufscheuerte. Ein verzierter Schurz, der vom Gürtel hing, diente als Unterleibschutz. Es gab zahlreiche Helmmodelle, darunter den »Kaiserlich-Gallischen« Helm, der den Kopf, das Gesicht und den Nacken schützte. Manchmal wurden Beinschienen (Ocreae) getragen, etwa bei festlichen Anlässen. Die Auxiliarreiterei, die vorwiegend außerhalb Italiens angeworben wurde, war mit Langschwertern (Spathae) bewaffnet und trug meistens Kettenhemden (Loricae hamatae).

SCHWERTORNAMENT

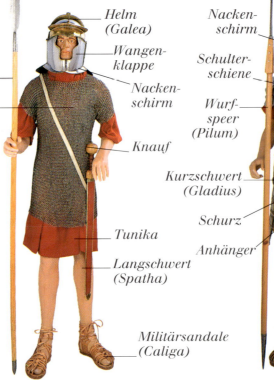

AUXILIARREITER, 2. JAHRHUNDERT NACH CHRISTUS

LEGIONÄR, 1. JAHRHUNDERT NACH CHRISTUS

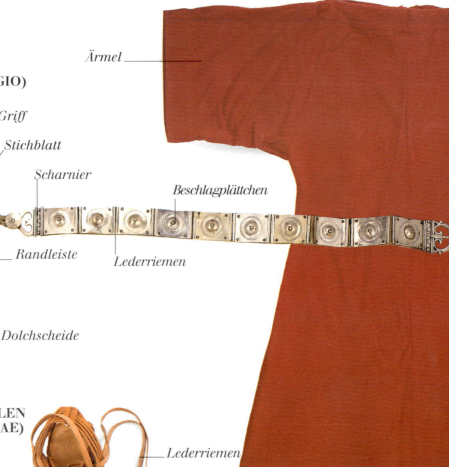

DOLCH (PUGIO)

MILITÄRGÜRTEL

SANDALEN (CALIGAE)

TUNIKA

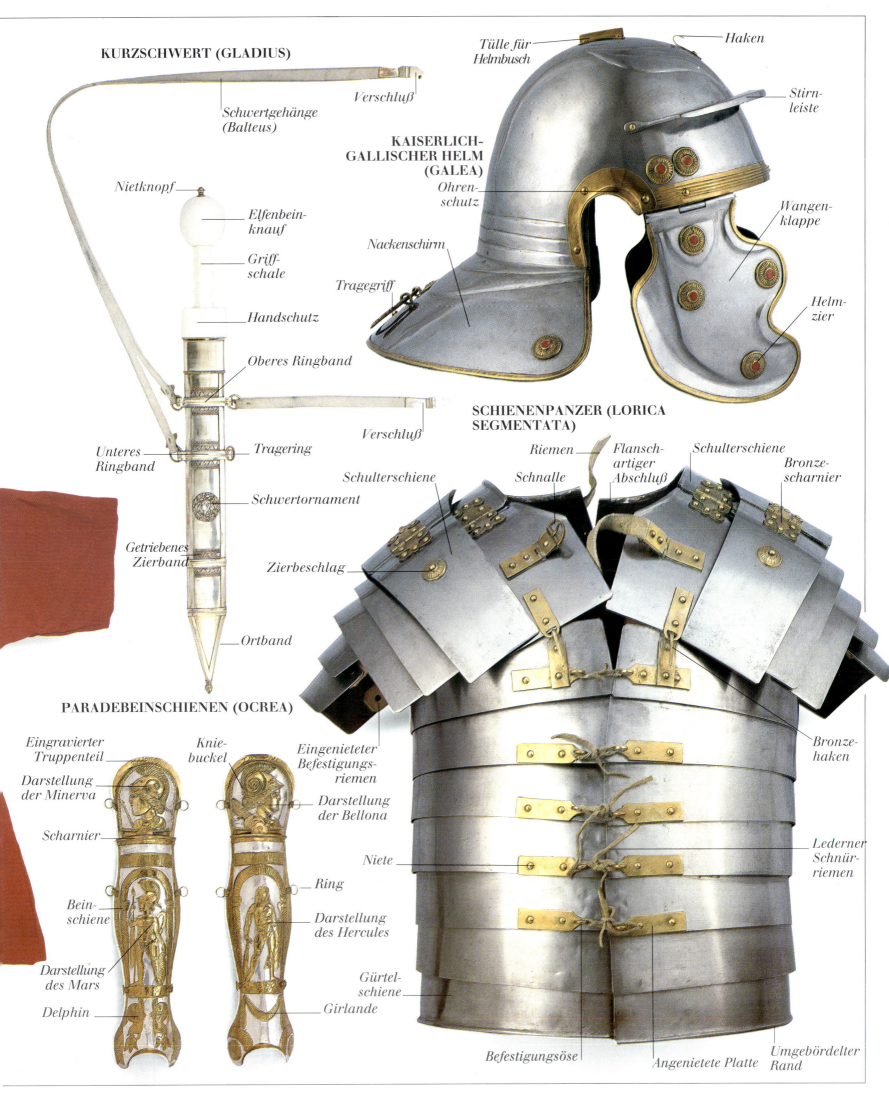

Der Ritter

IN EUROPA BESTIMMTE DER GUT GEPANZERTE Reiter bis ins späte Mittelalter die Schlachtfelder. Seine Vormachtstellung verdankte er vor allem der schützenden Rüstung, die sich im Lauf der Jahrhunderte entsprechend den Veränderungen in der Waffentechnik und der Kampfesweise entwickelt hatte. Zwischen dem 11. und dem 13. Jahrhundert trugen Ritter Rüstungen aus Ringgeflecht (Kettenhemden), die im 14. Jahrhundert durch Plattenpanzer verstärkt wurden. Im 15. und 16. Jahrhundert wappneten sich Reisige (gepanzerte Reiter) mit vollständigen Plattenharnischen (Ganzharnische) gegen die aufkommenden Pulverwaffen, wie dem hier gezeigten Feldküriss (oder -kürass). Dieser praktische Ganzkörper-Harnisch (der abgebildete wurde um 1585 hergestellt) verdeutlicht mit seinen prächtigen Verzierungen die hohe Kunst der Plattner. Die Rüstung konnte durch Anbringen eines Vorschnallbartes vor dem Helm und durch Einhaken einer »Doppelbrust« vor dem Bruststück zusätzlich verstärkt werden.

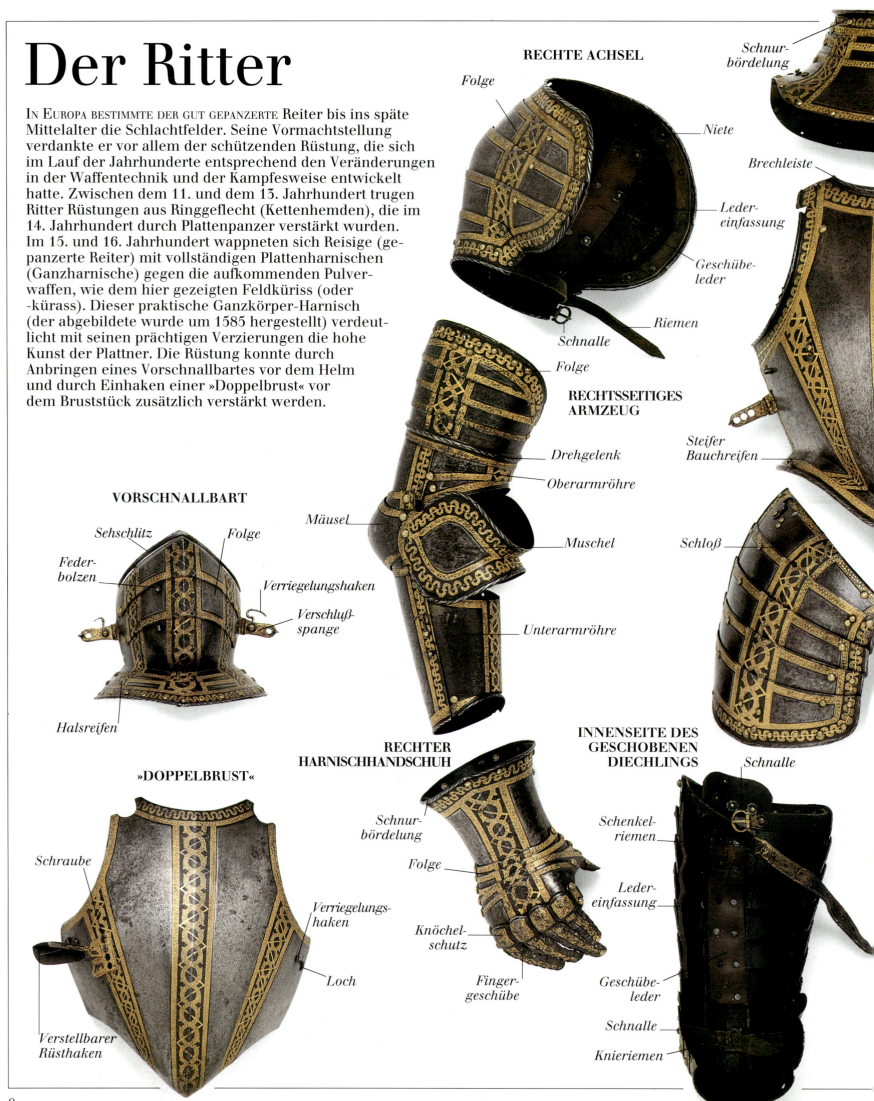

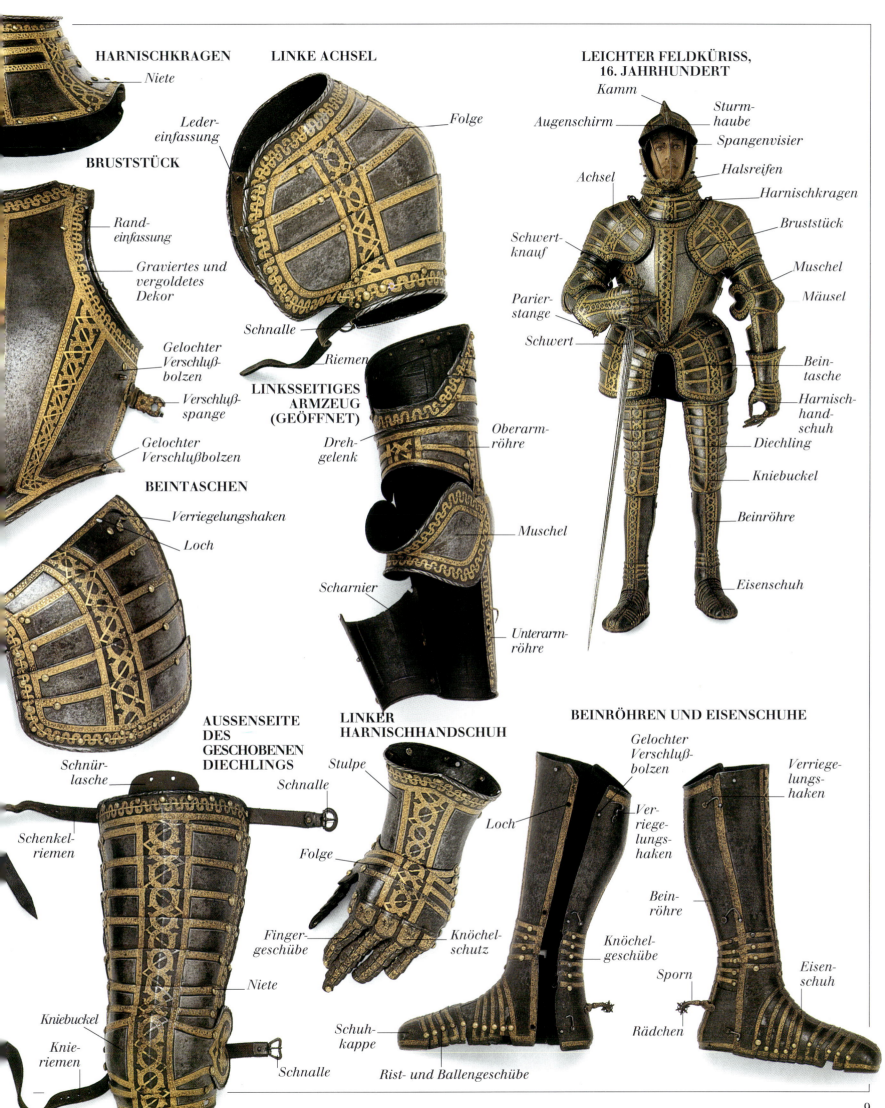

Die Rüstung

PERSISCHE RÜSTUNG, 19. JAHRHUNDERT

Rüstungen sind beinahe so alt wie der Krieg selbst. Kleidungsstücke aus Leder oder Stoff, wie der einfache sudanesische Kaftan, die Dschibba, stellten für viele Krieger oft den einzigen Schutz dar. Die Kampffähigkeit eines Soldaten auf dem Schlachtfeld konnte jedoch durch eine Rüstung erhöht werden, die in der Regel – zumindest in Teilen – aus Metall bestand. Der Korazin etwa, ein Rumpfpanzer, bestand aus kleinen, miteinander verbundenen Metallplättchen unter einem Stoffüberzug; dieser Überzug konnte reich bestickt und mit Nieten versehen sein, wie der abgebildete chinesische Kriegsrock. Die indische Rüstung mit dem blumigen Namen »Rock-der-Zehntausend-Nägel« bestand aus festem Stoff, der mit zahlreichen Nägeln verstärkt wurde. Der Panzer aus Ringgeflecht (Ringel- oder Kettenpanzer) setzte sich aus Tausenden miteinander vernieteter Metallringen zusammen und war äußerst flexibel. Er schützte vor allem gegen Schwert- oder Axthiebe. Um einen besseren Schutz gegen Lanzenstiche und Pfeile bieten zu können, wurde er oft durch Metallplatten verstärkt, wie die hier gezeigte persische Rüstung, die ein Kettenhemd mit einem Brustpanzer aus Metall verband. Während des 14. und 15. Jahrhunderts wurden in Europa Plattenharnische entwickelt, die rundum den gesamten Körper schützten (siehe Seiten 8 - 9).

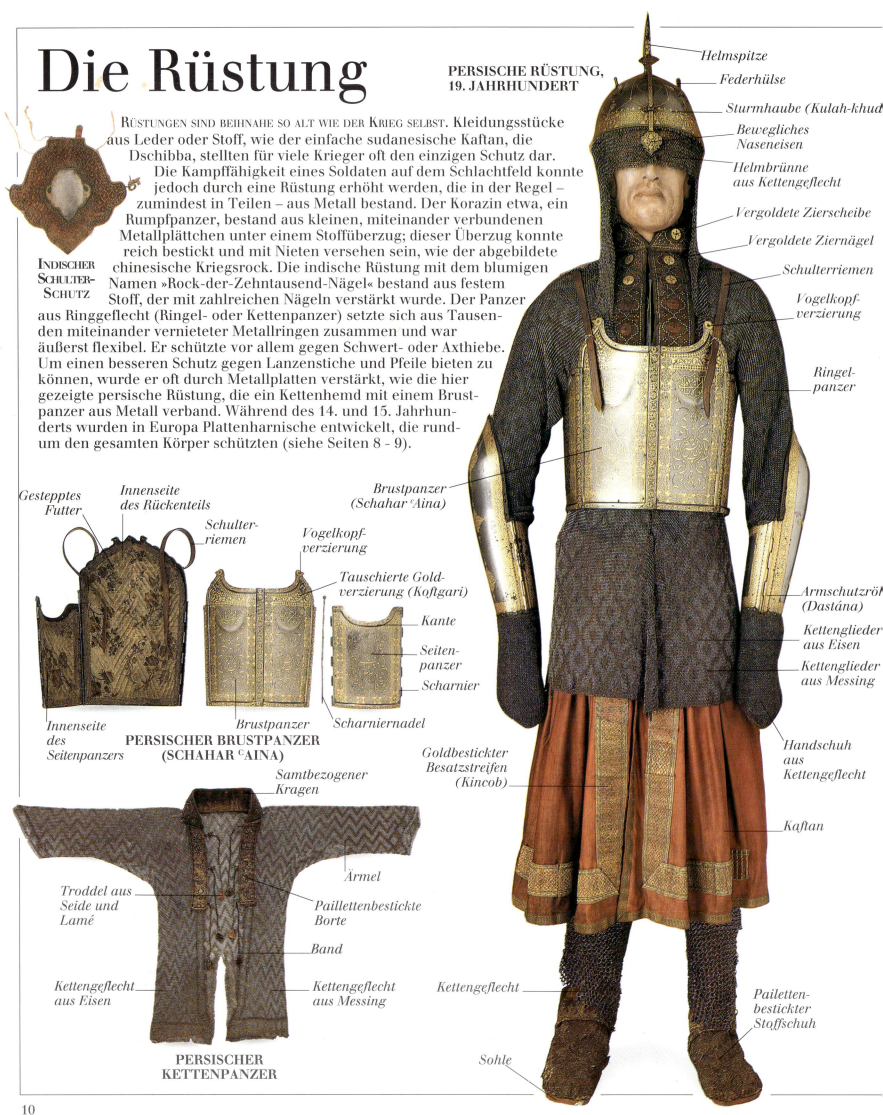

INDISCHER SCHULTER-SCHUTZ

PERSISCHER BRUSTPANZER (SCHAHAR ᶜAINA)

PERSISCHER KETTENPANZER

Der Samurai

DER HOHE STATUS DER SAMURAI, der Kriegerklasse im feudalen Japan, war an ihrem Schwertpaar erkennbar. Es bestand aus einem Langschwert (Katana) und einem kurzen Schwert (Wakizashi). Die leicht gekrümmten Schwerter waren vor allem für den Hieb berechnet, weshalb die Rüstungen rasche Bewegungen nach allen Seiten möglich machen und gleichzeitig ausreichenden Schutz gegen einen gegnerischen Hieb bieten sollten. Aus diesem Grund bestehen japanische Rüstungen aus zahlreichen Metallplatten oder -lamellen, die farbig lackiert – teilweise auch vergoldet – durch Seidenschnüre fest miteinander verbunden waren. Frühe Samurai-Rüstungen bestanden nur aus einem Brust- und Rückenharnisch, zu dem manchmal ein Helm getragen wurde. Über die Jahrhunderte hindurch wurde dieser Harnisch immer weiter entwickelt und verbessert, bis schließlich der gesamte Körper geschützt war, wie an dieser Rüstung (Tosei Gusoku) des 19. Jahrhunderts ersichtlich ist.

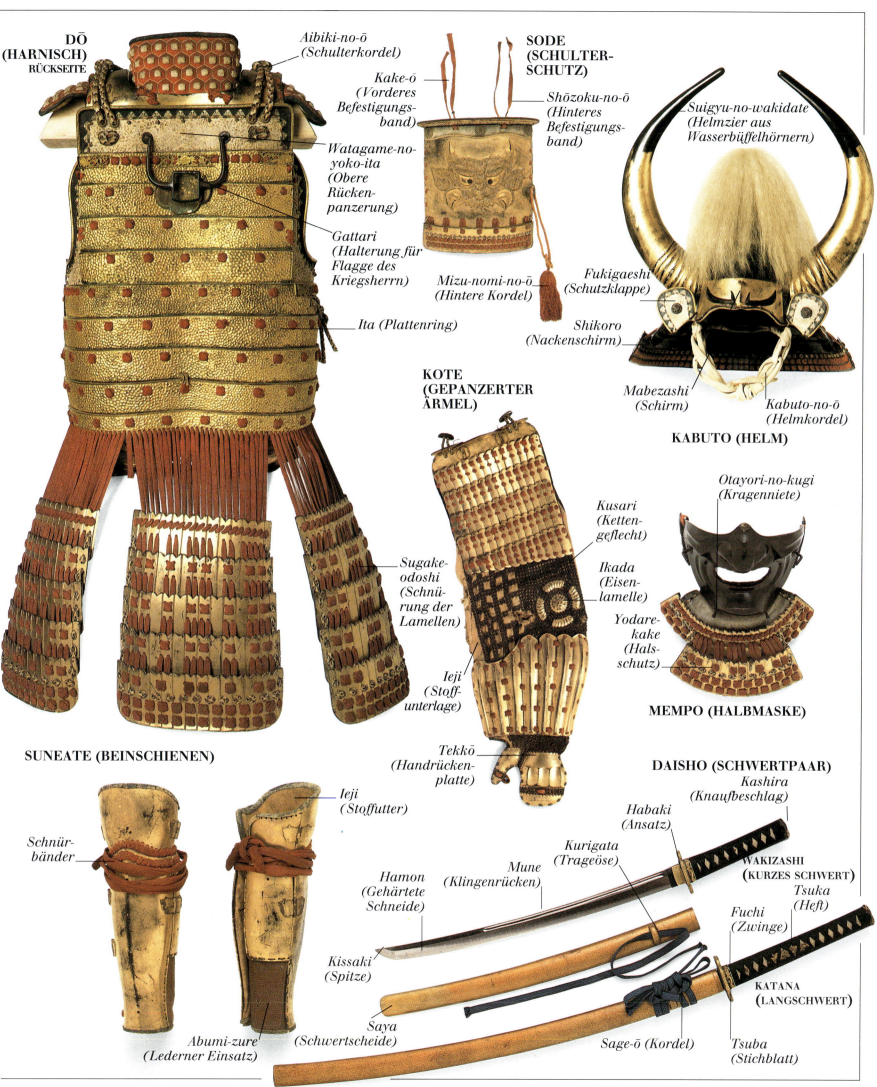

Paradeuniformen

FAST ALLE STREITKRÄFTE DER WELT verfügen über spezielle Uniformen für Paraden, Zeremoniell und ähnliche Anlässe. Diese Monturen sind um einiges prächtiger als die im täglichen Dienst oder gar im Gefecht getragenen. Sie erinnern oft an den »Bunten Rock« vergangener Tage oder die jeweilige Nationaltracht. Die prachtvolle Tracht des chinesischen Hofbeamten des angehenden 19. Jahrhunderts war zwar speziell für Aufgaben am kaiserlichen Hof entworfen worden, wies aber durch die Kupfernieten und Platten gleichzeitig Merkmale einer funktionsfähigen Rüstung auf. Die Galauniform eines französischen Generals unter Napoleon I. zeichnete sich durch die üppige Goldverzierung am Rock und den dreifarbigen Federbusch am Zweispitz aus. Die beiden abgebildeten britischen Uniformen des 20. Jahrhunderts weisen zahlreiche Stilelemente früherer Jahrhunderte auf. Die Tschapka der 12th Royal Lancers (Königliche Ulanen) war beispielsweise seit dem 19. Jahrhundert bei vielen europäischen Armeen die typische Kopfbedeckung der Ulanen. Die Montur der griechischen Evzonen, in Athen vor dem Präsidentenpalast und dem Grabmal des Unbekannten Soldaten Wache, beruht auf der griechischen Nationaltracht; während sich die Uniform der Schweizergarde des Papstes nur wenig von der Tracht unterscheidet, die schon ihre Vorgänger im 16. Jahrhundert trugen.

GROSSBRITANNIEN, ORDENSSTERN DES BATH-ORDENS

CHINA, MILITÄRISCHE TRACHT EINES HOFBEAMTEN (WUGUANSHI-SHURISHUANG), CA. 1821 – 1850

GRIECHISCHER EVZONE, ATHEN

SCHWEIZERGARDIST, VATIKAN

Arkebusiere und Pikeniere

Die europäischen Heere des 17. Jahrhunderts setzten sich überwiegend aus leichtgepanzerten, berittenen Arkebusieren sowie beim Fußvolk aus Pikenieren und Musketieren (die z.T. ebenfalls als Arkebusiere bezeichnet werden) zusammen. Zur Rüstung des Arkebusiers gehörte eine Sturmhaube mit Spangenvisier, Brust- und Rückenpanzer und manchmal ein Blechhandschuh mit Stulpe. Der schützende Lederkoller wurde unter dem Harnisch oder auch für sich alleine getragen, gelegentlich legten Offiziere eine Halsberge an. Die Pikeniere kämpften in dichtgeschlossenen Karrees, die die ungepanzerten Musketiere während des Ladens ihrer Waffen schützen sollten. Pikeniere trugen eine Sturm- oder eine Schützenhaube, einen Brustpanzer mit angehängten Beintaschen, die bis zur Mitte des Oberschenkels reichten, den dazugehörigen Rückenpanzer sowie einen Harnischkragen zum Schutz des Halses. Als Zeichen ihres Ranges trugen die Unterführer der Pikeniere statt der Pike eine Helmbarte (Hellebarde). Die Kleidung eines Musketiers unterschied sich nicht viel von der Mode der Zivilbevölkerung, obwohl alle Angehörigen eines Regiments normalerweise Röcke von derselben Farbe tragen sollten. Die hier gezeigten Uniformen sind typisch für die während des Englischen Bürgerkrieges getragenen (1642 - 1651), sind jedoch vom Stil her auch für die Zeit des Dreißigjährigen Krieges (1618 - 1648) gültig. Die gegnerischen Heere ließen sich auf dem Schlachtfeld üblicherweise durch bestimmte Feldzeichen auseinanderhalten; so trugen die Royalisten im Bürgerkrieg überwiegend rote Schärpen, während ihre Widersacher, die Parlamentstruppen, sich orange als Farbe auserkoren hatten.

MUSKETIER DER PARLAMENTSTRUPPEN

FELDWAIBEL DER PIKENIERE, PARLAMENTSTRUPPEN

SCHÜTZENHAUBE FÜR PIKENIERE

HALBHARNISCH FÜR PIKENIERE

Kopfbedeckungen

FRANKREICH, OFFIZIERKEPI 19. JAHRHUNDERT

MILITÄRISCHE KOPFBEDECKUNGEN HATTEN vor allem zwei Aufgaben zu erfüllen – sie sollten a) ihren Träger sowohl vor feindlicher Waffenwirkung als auch vor den Unbilden der Witterung »behüten«; b) den Träger größer und imposanter aussehen lassen, um dadurch mehr Eindruck zu schinden. Die unterschiedlichen Helmtypen sollten hauptsächlich vor Schlägen, die von oben geführt wurden, schützen. Einige Modelle, etwa der römische Helm aus dem ersten nachchristlichen Jahrhundert, deckten zusätzlich auch den Nacken und die Wangen. Der indo-persische Helm (Kulah-Khud) verfügte darüberhinaus über ein Naseneisen und eine Kapuze aus Ringgeflecht (Helmbrünne), die Augen und Nacken schützen sollen. Helme und andere militärische Kopfbedeckungen wurden häufig mit Federbüschen, Raupen, Kokarden und anderen Symbolen geschmückt. In einigen Kopfbedeckungen klingen Erinnerungen an alte Zeiten an: der Metallhelm der preussischen Kürassiere, wie der hier gezeigte Helm des Regimentes der Gardes du Corps, ist eine Reverenz an die Reiterei des Dreissigjährigen Krieges, während der französische Dragonerhelm seine Vorbilder sogar in der Antike hatte. Zivile Hutmoden, wie das Barett oder der Sennet-Hut, wurden vielfach durch das Anbringen von Abzeichen oder Federbüschen für den militärischen Gebrauch adaptiert. Im Verlauf des 20. Jahrhunderts kamen bei sämtlichen Armeen rein funktionelle Gefechtshelme zur Einführung, wie beispielsweise der amerikanische Stahlhelm aus dem Zweiten Weltkrieg, der in manchen Ländern heute noch verwendet wird.

RÖMISCHER BRONZEHELM, 1. JAHRHUNDERT N. CHR.

SPANISCHER MORION, ENDE 16. JAHRHUNDERT

JAPANISCHER HELM (KABUTO), 19. JAHRHUNDERT

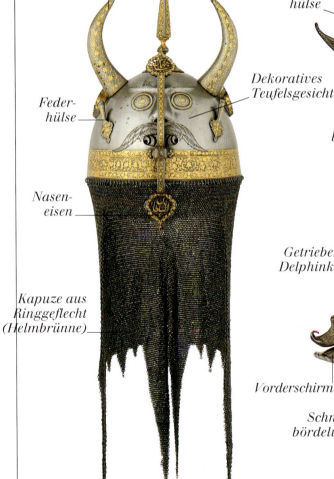

INDO-PERSISCHER HELM (KULAH-KHUD), ENDE 18. JAHRHUNDERT

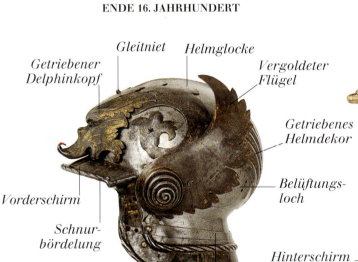

DEUTSCHE PARADESTURMHAUBE, UM 1530

PREUSSEN, OFFIZIERHELM DER GARDES DU CORPS, UM 1912

Der Amerikanische Unabhängigkeitskrieg

Von 1775 bis 1783 erkämpften sich die britischen Kolonien an der nordamerikanischen Ostküste ihre Unabhängigkeit. Mit französischer und deutscher Unterstützung (General Steuben) stellten die aufständischen Kolonisten während dieses Krieges ihre Bundesarmee (Continental Army) auf. Die langschößigen Röcke der Infanteristen unterschieden sich vom Schnitt her nur wenig, waren aber in unterschiedlichen Farben gehalten. Vereinfachend läßt sich sagen, daß die Amerikaner blaue Röcke trugen, die Briten rote (daher auch der Name »Rotröcke«) und die Franzosen weiße. Dreispitze stellten die übliche Kopfbedeckung dar, obwohl die britischen Grenadiere Bärenfellmützen trugen. Die Uniformen wurden im Verlauf des Krieges immer mehr vereinfacht; so führten einige britische Einheiten beispielsweise gekürzte Röcke ein.

BÄRENFELLMÜTZE EINES BRITISCHEN GRENADIERS

OFFIZIERROCK, BRITISCHE INFANTERIE

»TARLETON«-HELM EINES OFFIZIERS DER 17TH LIGHT DRAGOONS, BRITISCHE KAVALLERIE

BRITISCHER INFANTERIST EINER ZENTRUMSKOMPANIE DER COLDSTREAM GUARDS

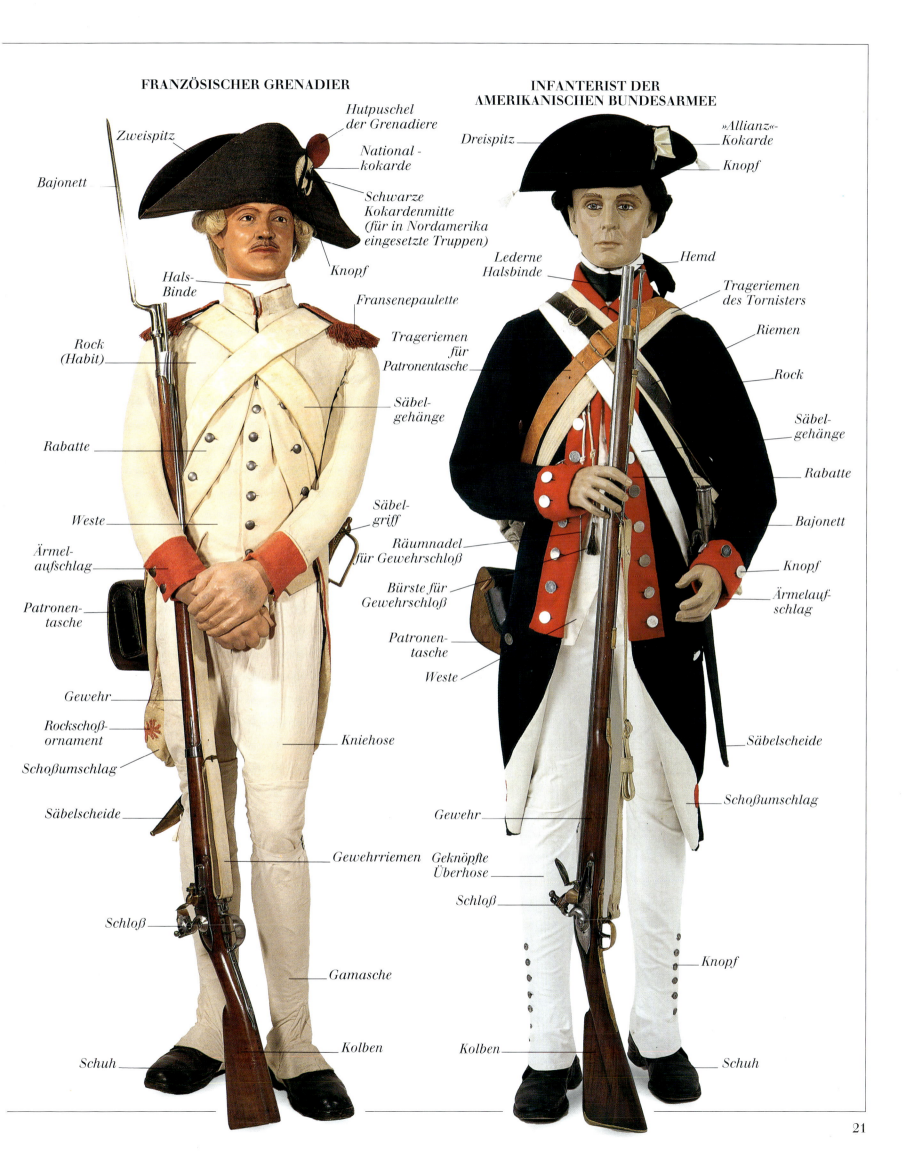

Husaren und Karabiniers

Die französische Kavallerie trug während der Napoleonischen Kriege zwischen 1799 und 1815 äußerst farbenprächtige Uniformen. Die Husaren, die zur leichten Kavallerie gehörten und in der Aufklärung, Verfolgung sowie zu handstreichartigen Überfällen und Attacken eingesetzt wurden, trugen über ihrer Weste eine prächtige kurze Jacke mit Verschnürungen (Dolman). Die lederbesetzten Reithosen (»Blechhosen«) waren zwar praktisch, doch gaben manche Husarenoffiziere reich bestickten, nicht-vorschriftsmäßigen Hosen den Vorzug. Die zweckmäßige Säbeltasche nahm außer Meldungen und dergleichen auch persönliche Gegenstände auf, wie Tabak und Pfeifen. Die Karabiniers gehörten zur schweren Schlachtenkavallerie. Der Körperschutz des einzelnen Mannes bestand – wie bei den Kürassieren – aus einem messingplattierten Stahlkürass sowie einem Helm im klassizistischen Stil; Karabiniers trugen ferner Wildlederhosen und hohe Stulpenstiefel.

OFFIZIER, HUSAREN-REGIMENT NR. 5

HUSARENSCHÄRPE

OFFIZIERSÄBELTASCHE, HUSAREN-REGIMENT NR. 8

Grenadiere und Füsiliere

DIE LINIENINFANTERIE NAPOLEON I. setzte sich aus drei unterschiedlichen Gattungen zusammen: den Grenadieren, die nach ihrer Körpergröße und ihres Mutes wegen ausgesucht wurden und im Ruf besonderer Tapferkeit standen; den leichten Voltigeuren, die als Plänkler kämpften; und den Füsilieren, die das Gros in der Schlachtordnung bildeten. Der Elitestatus der Grenadiere wurde – wie schon in den preußischen Armeen unter Friedrich Wilhelm I. und Friedrich dem Großen – durch ihre hohen Grenadiermützen deutlich unterstrichen. Unter Napoleon kamen noch verschiedene andere beeindruckende Kopfbedeckungen dazu, etwa die Grenadiermütze aus Bärenfell, die von Napoleons Garde Impériale (Kaisergarde) getragen wurde. Ein weiteres charakteristisches Merkmal der Grenadiere war ihr Abzeichen: die platzende Granate erinnerte an ihre ursprüngliche Aufgabe, das Werfen von Handgranaten. Die französischen Füsiliere trugen den blauen Rock, der für die gesamte napoleonische Infanterie vorgeschrieben war, mit weißen Rabatten. Auf dem Kopf saß ein Tschako mit Pompom. Auch die Voltigeure trugen den Tschako, doch mit einem charakteristischen gelben Federstutz als Unterscheidungsmerkmal.

FRANKREICH, FÜSILIER-TSCHAKO

FRANKREICH, OFFIZIERROCK DER KAISERGARDE

ÖSTERREICH-UNGARN, UNGARISCHER GRENADIER, UM 1813

RUSSLAND, GRENADIER IN SOMMERUNIFORM, UM 1808

FRANKREICH, GRENADIEROFFIZIER DER KAISERGARDE IN PARADEUNIFORM, UM 1805

Epauletten und Abzeichen

EPAULETTEN UND ABZEICHEN dienen seit langem dazu, den Dienstgrad, die Einheit, die Waffengattung, die Dienstzeit oder eine besondere Spezialisierung des Trägers zu signalisieren. Meistens werden Epauletten mit dem Offizierkorps in Verbindung gebracht. Sie wurden jedoch auch von anderen Dienstgradgruppen getragen, um die Uniform zu schmücken, einen besonderen Status anzuzeigen, aber auch um die Schultern gegen Säbelhiebe zu schützen. Ursprünglich wurde eine einzelne Epaulette getragen, bevor man für die andere Schulter die sogenannte Konter-Epaulette ohne Behang einführte. Ende des 18. Jahrhunderts waren Epauletten gewöhnlich mit Fransen oder Kantillen behangen und wurden paarweise getragen. Die auf den Epauletten befindlichen Dienstgradabzeichen zeigten meist Sterne und Kronen, die aus den verschiedensten Materialien bestehen konnten, von der Metallausführung bis zur Handstickerei. Bei den modernen Streitkräften befinden sich diese Abzeichen häufig auf einer Aufschiebeschlaufe, die über die Schulterklappe geschoben werden kann. Tätigkeits-, Formations- und Dienstgradabzeichen können natürlich auch auf den Ärmeln des Uniformrockes gezeigt werden. Teilweise werden die Dienstgrad- und Einheitsabzeichen auch auf der Kopfbedeckung oder am Kragen getragen. In Preussen gab es zudem Auszeichnungsbandeaus, die als Anerkennung für bestimmte Gefechte verliehen wurden und auf dem Helmbeschlag getragen wurden. Die 4. Batterie des Garde-Fußartillerie-Regiments etwa konnte ihre Herkunft auf die Artillerie der pommerschen Festung Kolberg zurückführen, die die Stadt zwischen 1806 und 1807 – bis zum Waffenstillstand von Tilsit – erfolgreich gegen die Truppen Napoleons verteidigte. Im Jahr 1852 verlieh ihr der preußische König daher das Auszeichnungsbandeau »Colberg 1807«, genau wie den restlichen an der Verteidigung beteiligten Batterien.

ITALIEN, HUTABZEICHEN EINES ALPINIOFFIZIERS, ERSTER WELTKRIEG (1914-1918)

FRANKREICH, EPAULETTE EINES FELDOFFIZIERS, 1770-1780
- Kantillenbehang
- Knopfloch

FRANKREICH, EPAULETTE UND KONTER-EPAULETTE EINES KARABINIEROFFIZIERS, 1810-1815
- Konter-Epaulette
- Kantillenbehang
- Gestickte platzende Granate
- Epaulette

FRANKREICH, EPAULETTEN EINES SERGEANTS DER INFANTERIE, 1805-1815
- Schieber
- Wollfransen

EPAULETTEN

GROSSBRITANNIEN, EPAULETTEN EINES LORD-LIEUTENANTS, UM 1840
- Gekreuzter Säbel und Marschallstab
- Silberner Halbmond
- Schieber aus Silberstoff
- Knopf
- Tressenrandeinfassung
- Krone
- Feststellzunge
- Unterlage
- Seidenpolster
- Boullions
- Randversteifung

GROSSBRITANNIEN, EPAULETTEN EINES KAVALLERIEOFFIZIERS, 1830-1840
- Initialen des Regiments der Scots Greys
- Halbmond
- Distelblätter
- Platzende Granate

GROSSBRITANNIEN, EPAULETTEN EINES KAVALLERIEOFFIZIERS, UM 1850
- Ruhmestrophäen
- Knopf
- Feste Metallschuppen
- Stern des Bath-Ordens
- Befestigungsband

GROSSBRITANNIEN, EPAULETTEN EINES KAVALLERIEOFFIZIERS, UM 1825
- Geschnürte Einfassung
- Goldboullions
- Halbmond
- Knopf
- Platzende Granate

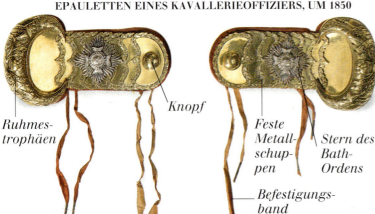

SCHULTERSTÜCKE UND -KLAPPEN

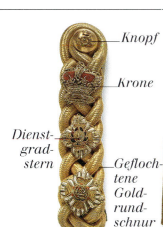
Knopf / *Krone* / *Dienstgradstern* / *Geflochtene Goldrundschnur*
GROSSBRITANNIEN, OBERST, ENDE 19. JAHRHUNDERT

Knopfloch / *Metallkrone* / *Dienstgradstern*
GROSSBRITANNIEN, OBERSTLEUTNANT, (1939 – 1945)

Krone / *Dienstgradstern*
GROSSBRITANNIEN, OBERST, (1939 – 1945)

Dienstgradstern
GROSSBRITANNIEN, OBERLEUTNANT DER FALKLAND DEFENCE FORCE, UM 1960

Äskulapstab / *Knopf* / *Krone* / *Unterlage* / *Stern*
ITALIEN, SANITÄTSOFFIZIER, (1914 – 1918)

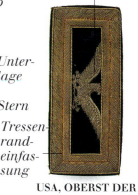
Adler / *Tressenrandeinfassung*
USA, OBERST DER NORDSTAATEN, BÜRGERKRIEG (1861 – 1865)

TÄTIGKEITSABZEICHEN

GROSSBRITANNIEN, RADARSCHIRMPERSONAL DER ROYAL NAVY, 1944 – HEUTE

GROSSBRITANNIEN, TAUCHER DER ROYAL NAVY, 1919 – HEUTE

FRANKREICH, EISENBAHN-BETRIEBSTRUPPEN, (1914 – 1918)

FRANKREICH, BRIEFTAUBENBETREUER, (1914 – 1918)

DEUTSCHES REICH, ABZEICHEN DER WAFFEN-SS, ZWEITER WELTKRIEG

HOHEITSABZEICHEN

Sigrunen

RECHTE KRAGENPATTE (FÜHRER) / **DIENSTGRADABZEICHEN EINES OBERSTURMFÜHRERS (OBERLEUTNANT)**

Unterlage in Waffenfarbe
SCHULTERSTÜCKE EINES OBERSTURMFÜHRERS DER SS-FELDGENDARMERIE

ÄRMELSTREIFEN DER 2. SS-PANZERDIVISION »DAS REICH«

FORMATIONSABZEICHEN

Bellerophon / *Pegasus*
GROSSBRITANNIEN, LUFTLANDETRUPPEN 1941 – HEUTE

Wüstenratte (Jerboa)
GROSSBRITANNIEN, 4. PANZERBRIGADE, GOLFKRIEG (1990 – 1991)

USA, LUFTWAFFE, ZWEITER WELTKRIEG

US-PANZERDIVISION, (1941 – 1945)

HELM- UND MÜTZENABZEICHEN

ITALIEN, SCHIRMMÜTZENABZEICHEN DER CARABINIERI, (1939 – 1945)

USA, SCHIRMMÜTZENABZEICHEN FÜR OFFIZIERE, (1941 – 1945)

Preußischer Adler / *Gardestern mit Preußischem Adler* / *Auszeichnungsbandeau »Colberg 1807«*
PREUSSEN, HELMBESCHLAG DER 4. BATTERIE DES GARDE-FUSSARTILLERIE-REGIMENTES, UM 1912

Die Marinen der Befreiungskriege

IM OKTOBER 1805 FÜHRTE LORD HORATIO NELSON die britische Marine in der entscheidenden Seeschlacht bei Trafalgar zum Sieg über die französisch-spanische Flotte. Nelsons Galauniform ist mit Auszeichnungen geschmückt, die er sich während seiner beachtenswerten Laufbahn verdiente. Zwischen 1795 und 1812 wurde diese Art der Uniform von allen britischen Vize-Admirälen getragen. Sie bestand aus einem weißen Leinenhemd, darüber eine Weste, Kniehosen, einem Zweispitz, dem mit Goldtressen verzierten Rock und Epauletten mit zwei Sternen. Die französische Marine dieser Epoche verfügte über eine ganze Reihe unterschiedlicher Uniformen, von denen hier zwei abgebildet sind, die für den täglichen Dienst bestimmt waren. Die gelbe Uniform des Provisorischen Marinebataillons, das in der französischen Kolonie Ile de France (dem heutigen Mauritius) kämpfte, war recht praktisch und eignete sich gleichermaßen gut für das Gefecht an Land. Zum kleinen Dienstanzug des französischen Leutnants zur See (eine Anzugart, die für den Einsatz im Gefecht vorgesehen war) gehörte ein geknöpfter marineblauer Rock, der über einer weißen Weste getragen wurde; die weißen Hosen und der schwarze Hut waren allerdings nicht vorschriftsmäßig.

Orden und Ehrenzeichen

DIE MEISTEN LÄNDER WISSEN, WIE WICHTIG es ist, besondere militärische Verdienste durch nach außenhin sichtbare Auszeichnungen anzuerkennen. Die Ritterorden sind von Land zu Land verschieden und jede dieser Ordensgemeinschaften kennt eine Unterteilung in mehrere Klassen: Großkreuz, Kommandeur oder Komtur und Ritter. Bei einigen Orden ist die Mitgliedschaft auf bestimmte Gruppen begrenzt; so wurde der französische Orden des Heiligen Ludwig zum Beispiel nur an Offiziere verliehen, während für die französische Légion d'Honneur (Ehrenlegion) weniger Beschränkungen gelten. Militärische Orden werden für die unterschiedlichsten Leistungen verliehen, doch das höchste Ansehen genießen zweifellos jene Auszeichnungen, mit denen Handlungen von außergewöhnlicher Tapferkeit belohnt werden, wie das britische Viktoria-Kreuz, der preußische den Pour-le-Mérite oder das deutsche Ritterkreuz des Eisernen Kreuzes. Die Teilnahme eines Soldaten an einem bestimmten Feldzug wird häufig durch die Verleihung einer entsprechenden Medaille anerkannt, deren Ordensband mit besonderen Spangen versehen werden kann, die die Beteiligung an einzelnen Gefechten oder Einsätzen symbolisieren. Die abgebildete britische Queen's South Africa Medal (Südafrikanische Medaille der Königin) des Burenkriegs weist beispielsweise Gefechtsspangen für fünf verschiedene Einsätze auf. Große Ordensschnallen werden in der Regel nur zu feierlichen Anlässen angelegt; meistens werden nur die Ordensspangen angesteckt, während zum Abendanzug teilweise Miniaturorden getragen werden können.

GROSSBRITANNIEN, MEDAILLE FÜR DEN ZWEITEN ANGLO-AFGHANISCHEN KRIEG

GROSSBRITANNIEN, ORDENSSCHNALLE MIT AUSZEICHNUNGEN DES ZWEITEN WELTKRIEGES (1939 - 1945)

Kleine Ordensschnalle
Gefechtsspange Nordafrika, 1942-1943
Große Ordensschnalle für Paradeuniform
War Medal, 1939-1945
König Georg VI
1939-1945 Star
Namenszug des Königs
Africa Star
Defence Medal, 1939-1945

Miniaturordensschnalle zum Abendanzug

USA, EHRENMEDAILLE DES KONGRESSES, ARMEE-AUSFÜHRUNG

USA, DISTINGUISHED SERVICE MEDAL (TAPFERKEITSMEDAILLE DES HEERES)

USA, PURPLE HEART (VERWUNDETENABZEICHEN)

Eichenlaubbruch
Washingtons Familienwappen
George Washington

KAISERREICH RUSSLAND, SANKT-ANNEN-MILITÄRORDEN, II. KLASSE

KAISERREICH RUSSLAND, SANKT-WLADIMIR-MILITÄRORDEN, IV. KLASSE

SOWJETUNION, ROTER-STERN-ORDEN

KÖNIGREICH FRANKREICH, ORDEN DES HEILIGEN LUDWIG	**GROSSBRITANNIEN, RITTER DES »ORDER OF THE INDIAN EMPIRE«**	**FRANKREICH, CROIX DE GUERRE (KRIEGSKREUZ)**	**FRANKREICH, LÉGION D'HONNEUR (KREUZ DER EHRENLEGION), V. KLASSE**	**KOREA-MEDAILLE DER VEREINTEN NATIONEN**

GROSSBRITANNIEN, INDIA GENERAL SERVICE MEDAL (ALLGEMEINE DIENSTMEDAILLE – INDIEN)	**GROSSBRITANNIEN, VIKTORIA-KREUZ**	**GROSSBRITANNIEN, QUEEN'S SOUTH AFRICA MEDAL**	**SACHSEN-WEIMAR, WILHELM-ERNST-KRIEGSKREUZ**	**PREUSSEN, EISERNES KREUZ, II. KLASSE**
 *Gefechtsspange für den Dritten Burmakrieg* 				
POLEN, TAPFERKEITSKREUZ (1940 – 1945)	**SPANIEN, MILITÄRORDEN DES HEILIGEN HERMENEGILD**	**FINNLAND, KRIEGSMEDAILLE, (1939 – 1945)**	**ÄGYPTEN, VERWUNDETENMEDAILLE**	**OMAN, DIENSTMEDAILLE**

Die Nordstaaten

WÄHREND DES AMERIKANISCHEN BÜRGERKRIEGES (1861 - 1865) trugen die Truppen der Nordstaaten in der Regel dunkelblaue Röcke, himmelblaue Hosen und Käppis. Der Dienstgrad der Offiziere war an den Abzeichen auf ihren Schulterriegeln (Boxes) zu erkennen; Generale wurden außerdem durch eine besondere Anordnung der Rockknöpfe kenntlich gemacht. Die hier abgebildete Uniform eines Generalmajors wird durch die zwei Rangsterne auf dem Käppi und den Schulterriegeln, der Dreier-Anordnung der Knöpfe und der fahlen Seidenschärpe gekennzeichnet. Kavalleristen erhielten eine kurze Jacke mit gelber Paspelierung (Vorstöße). Im Winter trug die Infanterie eine graublaue Pelerine, wie der hier gezeigte Angehörige der New York Volunteers. Der Sergeant der 157th New York Volunteers trug auf den Ärmeln seines Überrocks die entsprechenden Dienstgradwinkel und eine rote Kammgarn-Schärpe, die Unteroffizieren vorbehalten blieb. Zahlreiche Freiwilligen-Verbände kamen in schmucken Zuavenuniformen daher, die jenen der französischen Kolonialtruppen in Nordafrika nachempfunden waren.

PATRONENTASCHE

FELDMÜTZE (KÄPPI) EINES GENERALS

- Verschnürung des Mützendeckels für Generale
- Gestickter Lorbeerkranz
- Generalssterne
- Kinnriemen

ÜBERROCK EINES GENERALS

- Uniformkragen
- Schulterriegel
- Dienstgradabzeichen
- Knopf

SEIDENSCHÄRPE EINES GENERALS

- Quaste

KOPPEL UND SÄBELGEHÄNGE EINES GENERALS

- Vergoldetes Koppelschloß
- Säbeltrageriemen
- Karabinerhaken zum Einhängen in den Ring der Säbelscheide

STULPENSTIEFEL EINES GENERALS

- Schnalle
- Absatz
- Sohle

OFFIZIERHOSEN

- Schnallgurt
- Schnalle
- Hosenknopf
- Hoseninnenfutter
- Hosenbiese

32

Die Südstaaten

Nur selten war wohl der Unterschied zwischen Theorie und Praxis der Uniformierung so frappierend wie bei der Armee der Konföderierten (1861 - 1865). Die Bekleidungsvorschrift für die konföderierte Infanterie sah einen grauen Rock, graue Feldmütze und blaue Hosen vor. Was die Soldaten jedoch dann tatsächlich trugen, wich mit Fortdauer des Krieges in Farbe und Ausführung immer mehr von dieser Vorschrift ab, was vor allem an der prekären Versorgungslage der Konföderation lag. Es sind zwei unterschiedliche Infanterieuniformen abgebildet: die eine besteht aus einer kurzen grauen Jacke (Shell Jacket), beigen Hosen und Käppi, während die andere aus einem grobgewebtem, walnußbraunem Stoff hergestellt wurde und durch einen Schlapphut vervollständigt wird. Auf dieser Doppelseite sind auch zwei Überröcke für Offiziere zu sehen: ein dunkelgrauer Rock mit dem roten Vorstoß der Artillerie, und ein beiger Generalsrock mit den entsprechenden Dienstgradabzeichen an Ärmeln und Kragen. Die Kavallerie der Südstaaten zeichnete sich nicht nur im Kampf aus, sondern auch durch ihre zum Teil recht fantasievollen Uniformen, wofür die 1st Virginia Cavalry, die berühmte »Black Horse Cavalry«, ein schönes Beispiel gibt.

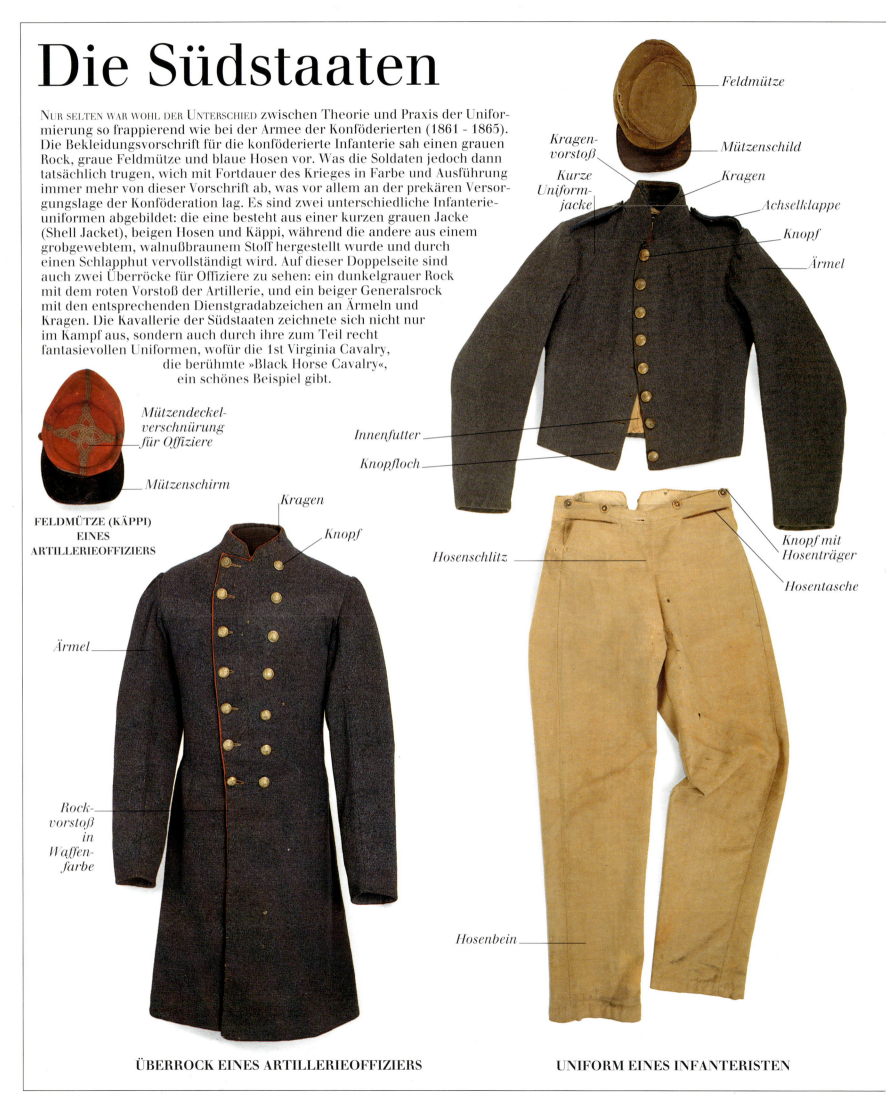

FELDMÜTZE (KÄPPI) EINES ARTILLERIEOFFIZIERS

ÜBERROCK EINES ARTILLERIEOFFIZIERS

UNIFORM EINES INFANTERISTEN

Schuhwerk

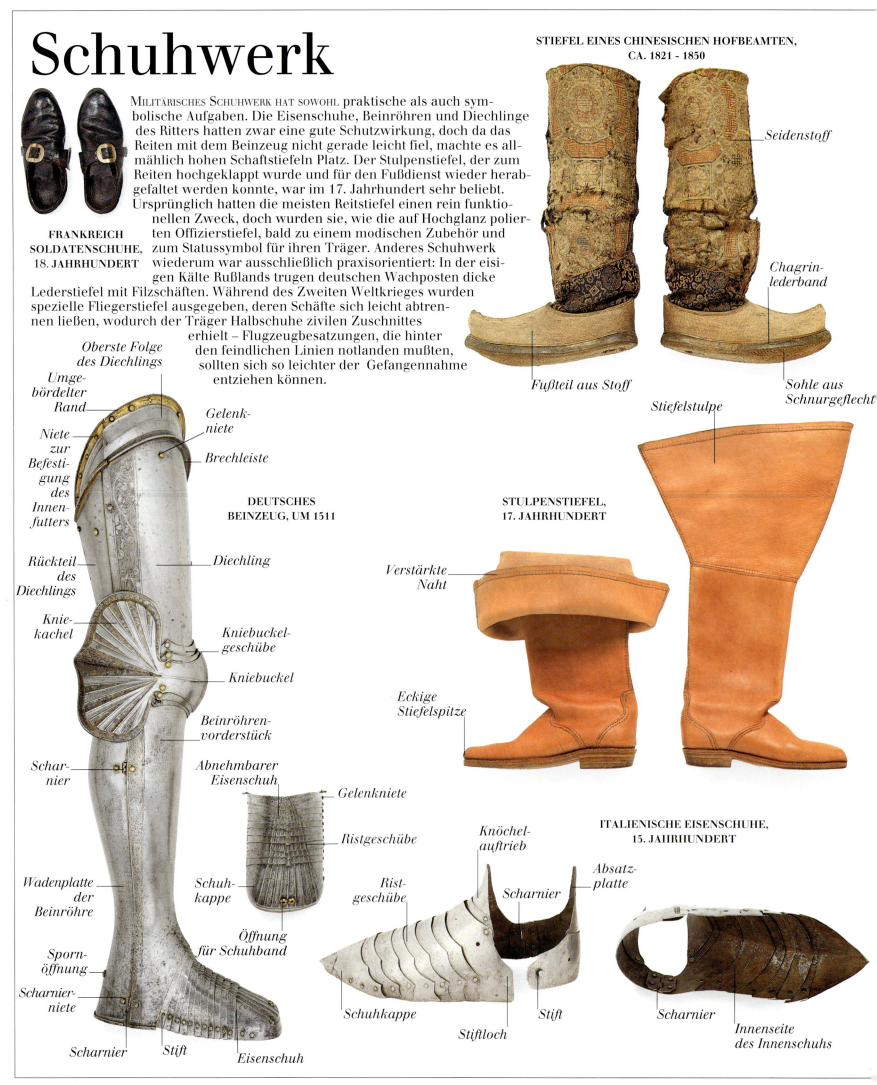

MILITÄRISCHES SCHUHWERK HAT SOWOHL praktische als auch symbolische Aufgaben. Die Eisenschuhe, Beinröhren und Diechlinge des Ritters hatten zwar eine gute Schutzwirkung, doch da das Reiten mit dem Beinzeug nicht gerade leicht fiel, machte es allmählich hohen Schaftstiefeln Platz. Der Stulpenstiefel, der zum Reiten hochgeklappt wurde und für den Fußdienst wieder herabgefaltet werden konnte, war im 17. Jahrhundert sehr beliebt. Ursprünglich hatten die meisten Reitstiefel einen rein funktionellen Zweck, doch wurden sie, wie die auf Hochglanz polierten Offizierstiefel, bald zu einem modischen Zubehör und zum Statussymbol für ihren Träger. Anderes Schuhwerk wiederum war ausschließlich praxisorientiert: In der eisigen Kälte Rußlands trugen deutschen Wachposten dicke Lederstiefel mit Filzschäften. Während des Zweiten Weltkrieges wurden spezielle Fliegerstiefel ausgegeben, deren Schäfte sich leicht abtrennen ließen, wodurch der Träger Halbschuhe zivilen Zuschnittes erhielt – Flugzeugbesatzungen, die hinter den feindlichen Linien notlanden mußten, sollten sich so leichter der Gefangennahme entziehen können.

Khaki-Uniformen

KHAKIFARBENE UNIFORMEN KAMEN GEGEN Ende des 19. Jahrhunderts auf, als die britischen Kolonialtruppen in Indien ihre Dienstanzüge aus einheimischen Stoffen fertigen ließen – etwa Khaki-Drillich, einem hellen, leichten Baumwollstoff, der für das warme Klima sehr geeignet war.

Das Wort Khaki bedeutet in Urdu soviel wie »staubfarben«; allmählich wurden damit aber auch andere gedeckte Farben bezeichnet, die von beige über grün bis braun reichten. Bald schon erkannte man die Vorzüge khakifarbener oder graugrüner Uniformen, so konnte der Gegner entsprechend gekleidete Soldaten schwerer ausmachen. Bis zum Ausbruch des Ersten Weltkrieges hatten zahlreiche Armeen diese unauffälligen Farbtöne eingeführt. Bei der britischen Armee hielt sich die Khaki-Uniform noch bis in die siebziger Jahre (hauptsächlich bei Übersee-Einsätzen). Obwohl bei Kampfanzügen das Khaki fast überall von Tarnmustern (siehe Seiten 52 - 53) verdrängt wurde, findet dieser Farbton – zumindest in der britischen Armee – bei feierlichen Gelegenheiten auch weiterhin Verwendung.

GROSSBRITANNIEN, HUT DER GURKHA-VERBÄNDE

GROSSBRITANNIEN, DIENSTROCK EINES OBERLEUTNANTS, UM 1917

BELGIEN, UNIFORMROCK FÜR MANNSCHAFTEN, UM 1918

GROSSBRITANNIEN, FELDBLUSE EINES MAJORS, UM 1941

GROSSBRITANNIEN, LEICHTE FELDBLUSE EINES GENERALS, UM 1908

Koppel, Holster und Scheiden

BRITISCHES »SAM BROWNE«-KOPPEL FÜR OFFIZIERE, (1914 – 1918)

WAFFEN, MUNITION UND ANDERE TEILE der militärischen Ausrüstung müssen so getragen werden, daß sie fest sitzen und trotzdem leicht greifbar sind. Viele unterschiedliche Vorrichtungen kamen hierfür zum Einsatz, von denen die meisten an Gürteln oder Riemen in der einen oder anderen Weise direkt am Körper befestigt wurden. Blankwaffen, Bajonette und Faustfeuerwaffen samt Munition hingen meist am Koppel; Blankwaffen und Bajonette ruhten dabei gewöhnlich in ihren Scheiden; Faustfeuerwaffen wurden in Holstern getragen und die Munition in besonderen Taschen. Mit dem »Sam Browne«-Koppel, das einen Schulterriemen und einen Leibriemen in sich vereinigt, ließen sich bequem Degen und Revolver gleichzeitig tragen. Für die frühen Feuerwaffen, wie Arkebusen und Musketen, wurden Ladungspulver, Zündkraut und Kugeln getrennt mitgeführt. Das Schwarzpulver für die einzelnen Ladungen wurde meist in Pulverfläschchen gefüllt, die an einem Bandelier getragen wurden (»Zwölf Apostel«, siehe Seite 16), bzw. vom Gürtel oder von einer Kette herabhingen; für die Kugeln gab es spezielle Kugelbeutel. Das feine Zündpulver (Zündkraut) für die Pfanne kam aus einer besonderen Zündkrautflasche. Pfeile, aber auch Bögen wurden häufig in Köchern an der Hüfte getragen. Aus diesen entwickelte sich später die Säbeltasche.

INDISCHE PULVERFLASCHE

DEUTSCHE PULVERFLASCHE MIT KUGELBEUTEL, UM 1600

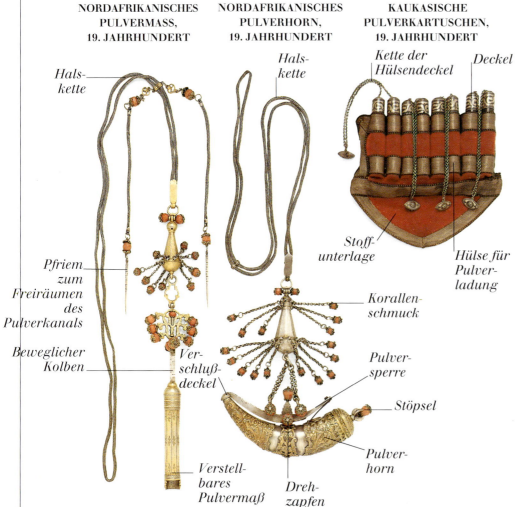

NORDAFRIKANISCHES PULVERMASS, 19. JAHRHUNDERT

NORDAFRIKANISCHES PULVERHORN, 19. JAHRHUNDERT

KAUKASISCHE PULVERKARTUSCHEN, 19. JAHRHUNDERT

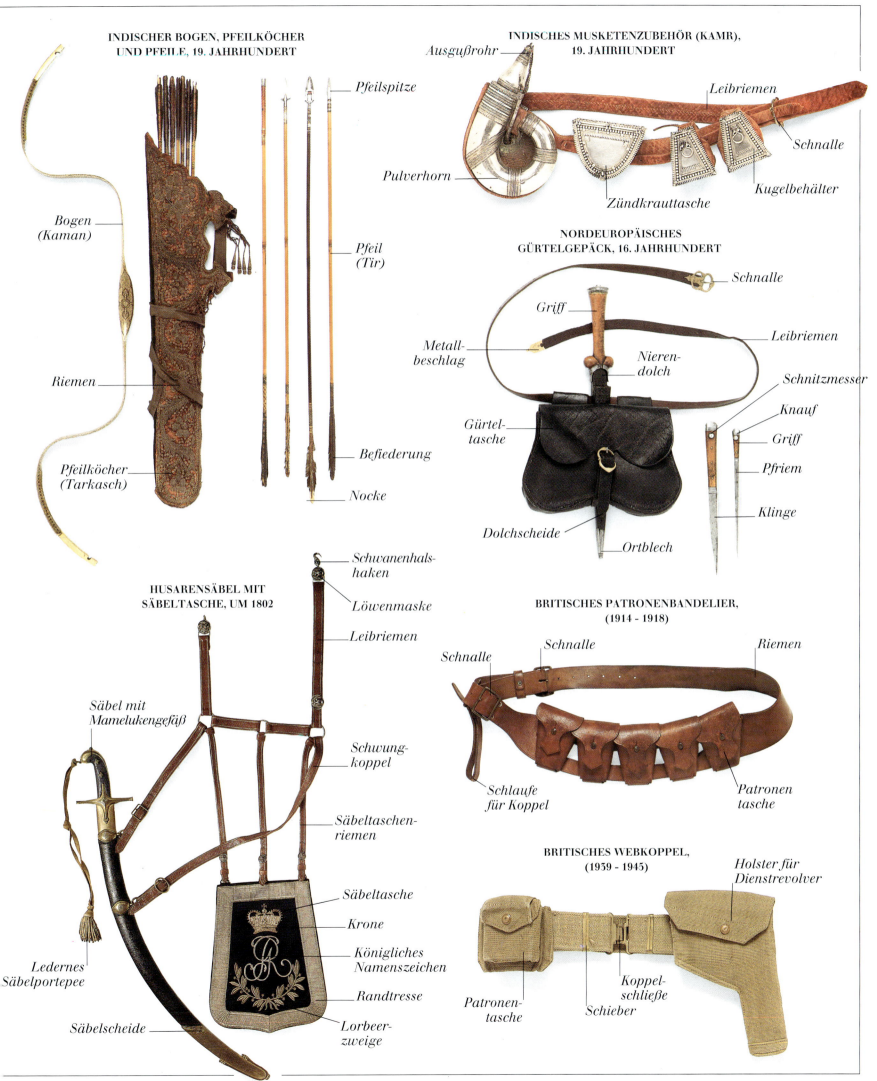

Die Infanterie des Ersten Weltkrieges

Als im August 1914 der Erste Weltkrieg ausbrach, hatten viele Streitkräfte bereits unauffällige Farben für ihre Felduniformen eingeführt. Einige schottische Einheiten trugen auch weiterhin ihren Rock, den Kilt. Dazu gehörte ein spezieller Waffenrock, Doublet genannt, dessen Schöße vorne so geschnitten waren, daß der Sporran darunter getragen werden konnte. Das London Scottish Battalion hatte schon immer einen unauffälligen Kilt getragen, der in sogenanntem Hodden-Grau gehalten war und nur im Futter ein Tartanmuster aufwies. Bei den Schotten löste der Stahlhelm im Jahr 1916 die Glengarry-Mütze ab. Die französische Infanterie wechselte ihren dunkelblauen Rock und ihre krapproten Hosen 1915 gegen ein etwas unauffälligeres horizontblau ein. Die deutschen Armeen hatte bereits vor 1914 eine feldgraue Uniform eingeführt und tauschten 1916 dann auch ihre traditionelle »Pickelhauben« aus Leder und Messing gegen den Stahlhelm ein, dessen charakteristische Grundform mit Unterbrechungen bis heute beibehalten wurde.

Gefechtsgepäck

GENERATIONEN VON SOLDATEN MUSSTEN SICH mit dem Gewicht von Reservebekleidung und Wäsche, Wasser, Verpflegung, Kochzubehör, Schanzausrüstung, Zeltplanen und Munition abplagen. Diese Gegenstände wurden gewöhnlich in den unterschiedlichsten Vorrichtungen auf dem Rücken oder an der Hüfte untergebracht. Auf dieser Doppelseite sind Tornister und Ausrüstungsstücke aus drei Epochen abgebildet. Mitte des 19. Jahrhunderts trugen französische Soldaten einen Felltornister, auf den die Hälfte eines Zwei-Mann-Zeltes geschnallt war, komplett mit Zeltstangen und -pflöcken, außerdem eine Schüssel zum Kochen und Waschen. Der Tornister mit Deckenrolle und Feldflasche, der während des US-Bürgerkriegs Verwendung fand, war recht einfach, vor allem wenn man bedenkt, was der Infanterist des Ersten Weltkrieges an Gepäck und persönlicher Ausrüstung mitschleppte. Zur Ausrüstung der Amerikaner, die ab 1917 an der Westfront erschienen, gehörte eine Kampf- (Haversack) und eine Gepäcktasche (Pack Carrier). In der Kampftasche befanden sich die persönlichen Gegenstände, darunter Messer, Gabel und Löffel und Kochutensilien. Bajonett und Schanzzeug wurden außen an der Gepäcktasche befestigt, während die Deckenrolle und Ersatzbekleidung in ihr festgeschnallt waren. Ein Webkoppel (Cartridge Belt) wurde um den Leib getragen. Daran hingen die Patronentaschen, ein Grabendolch, die Feldflasche und ein Verbandpäckchen.

TASCHENBUCH FÜR US-SOLDATEN, ZWEITER WELTKRIEG (1939-1945)

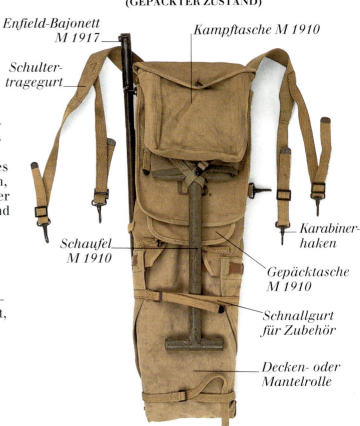

STURMGEPÄCK DER US-INFANTERIE (GEPACKTER ZUSTAND)

- Enfield-Bajonett M 1917
- Kampftasche M 1910
- Schultertragegurt
- Schaufel M 1910
- Karabinerhaken
- Gepäcktasche M 1910
- Schnallgurt für Zubehör
- Decken- oder Mantelrolle

RÜCKENGEPÄCK DER FRANZÖSISCHEN INFANTERIE, UM 1854 - 1880

- Haken
- Schultertrageriemen
- Zeltstange
- Trageriemen
- Kochgeschirr
- Zeltplane
- Korken
- Zeltpflock
- Tornister
- Feldflasche
- Schüssel

RÜCKENGEPÄCK DER US-INFANTERIE (1861 - 1865)

- Kautschukhülle
- Trageriemen
- Deckenrolle
- Korken
- Feldflasche
- Shorts Patent-Tornister

Das Royal Flying Corps

DIE EIGNUNG DES FLUGZEUGES zu Aufklärungszwecken erkannte die britische Armee bereits früh. 1911 wurde innerhalb der Royal Engineers (Pioniere) das Air Battalion aufgestellt; die neue Waffe wurde im Jahr 1912 in Royal Flying Corps umbenannt. Die damaligen Flugzeuge hatten offene Cockpits und daher diente die Fliegerbekleidung vor allem dazu, ihren Träger warm zu halten. Zu ledernen, mit Schaffell gefütterten Fliegermänteln wurden hüftlange Pelzstiefel getragen; außerdem Stulpenhandschuhe, die zu Fäustlingen umgewandelt werden konnten. Um das Gesicht zu schützen, legten die Piloten Brillen, Fliegerhauben und Gesichtsmasken an. Unter der warmen Überbekleidung wurde der neue Dienstanzug getragen. Der dazugehörige Rock – ein Zweireiher mit verdeckter Knopfleiste und unauffälligen Dienstgradabzeichen – unterschied sich stark von den übrigen britischen Offizieruniformen jener Zeit.

FLIEGER-KOPFBEDECKUNG

GESICHTSMASKE: Elastisches Bandgestell, Nasenschutz, Ledermaske

FLIEGERBRILLE: Schnalle, Riemen, Scharnier, Fellbesatz, Getöntes Glas

FLIEGER-KOPFHAUBE: Riemen zum Verstellen des Gesichtausschnitts, Riemen zum Engerstellen, Fellfutter, Ohrenrolle, Schnalle

FLIEGER, ROYAL FLYING CORPS

Flieger-Kopfhaube, Ohrenrolle, Fliegerbrille, Gesichtsmaske, Mantelkragen, Achselklappe, Kartenbrett, Kartentasche, Ärmelriegel, Gürtel, Stulpenhandschuh, Manteltasche, Überfäustling, Flieger-Ledermantel, Fliegerstiefel, Ristriemen

FLIEGER-LEDERMANTEL

Kragen, Kragenknopf, Kragenriegel, Hornknopf, Kartentasche, Ärmel mit Gummizug, Manteltasche, Knopf zum Schließen des Mantelschoßes, Verdeckte Knopfleiste, Knopfriegel, Futterstoff

Schutzmasken und Gesichtsschutz

Das Gesicht gehört zu den empfindlichsten Körperteilen und ist gleichzeitig einer der Bereiche, bei denen ein effektiver Schutz äußerst schwer fällt. Ein Hauptproblem bei sämtlichen Schutzvorrichtungen für das Gesicht besteht darin, daß der Träger auch weiterhin genügend Luft bekommen und etwas sehen können muß. Der Ritterhelm besaß ein Visier, das heruntergeklappt das Gesicht vollständig schützte, aber auch hochgeklappt getragen werden konnte. Sogenannte Larvenvisierhelme, die im 16. Jahrhundert recht beliebt waren, sollten den Betrachter erschrecken oder zumindest beeindrucken. Kettengeflecht spielte als Gesichtsschutz häufig eine wichtige Rolle, vor allem in Indien und im Mittleren Osten; es wurde sogar noch von Panzerbesatzungen des Ersten Weltkrieges verwendet. Durch das Aufkommen atomarer, biologischer und chemischer Waffen in diesem Jahrhundert sind besondere ABC-Schutzmasken zu einem notwendigen Bestandteil der militärischen Ausrüstung geworden.

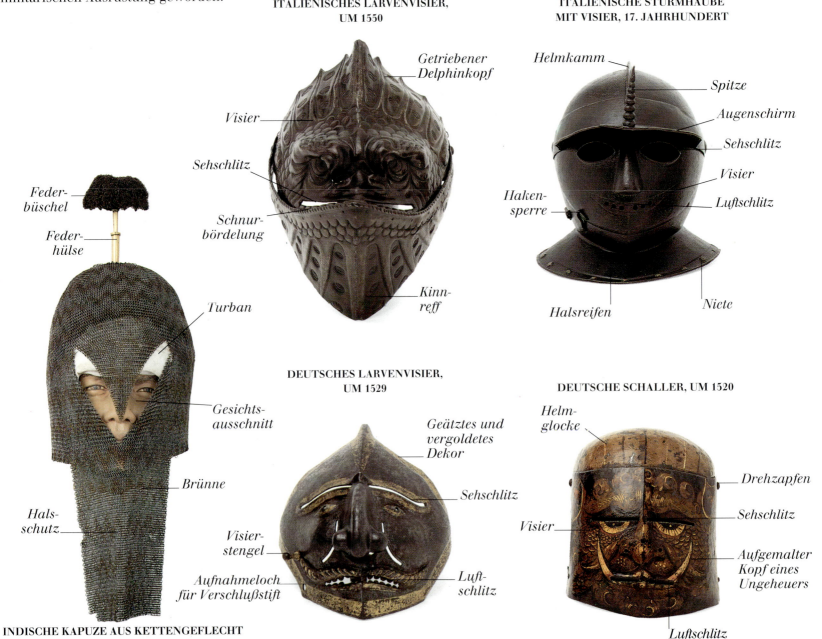

49

Die Wehrmacht

PANZERSCHÜTZE, 1. SS-PANZERDIVISION »LEIBSTANDARTE ADOLF HITLER«

DEN DEUTSCHEN BODENTRUPPEN DES ZWEITEN WELTKRIEGES gehörten nicht nur die Soldaten des Heeres sowie die Fallschirmjäger und Felddivisionen der Luftwaffe, sondern auch die der Waffen-SS an. Die deutschen Uniformen jener Zeit spiegelten neue wie alte Einflüsse wieder. Offiziere und Mannschaften der Wehrmacht trugen an ihren Mützen und Uniformröcken das neue Hoheitsabzeichen, das einen Adler darstellte, der in seinen Fängen einen Eichenlaubkranz hielt, der ein Hakenkreuz umschloß. Sie behielten jedoch zahlreiche traditionelle Merkmale und Abzeichen bei, wie die hochroten Kragenpatten für Generale mit ihrer goldenen Stickerei in Arabeskenmuster. Die verschiedenen Waffengattungen konnten durch die entsprechenden Waffenfarben unterschieden werden, die etwa auf Vorstößen, Kragen- und Ärmelpatten erschienen; der Generalstab trug zum Beispiel karmesinrot, die Infanterie weiß, die Artillerie rot. Die Panzertruppe, deren Waffenfarbe rosa war, besaß eine Uniform, die sich vollkommen von der anderer Waffengattungen unterschied und zu der eine kurze, enganliegende schwarze Jacke gehörte, die für die beengten Platzverhältnisse im Innern eines Panzers ideal war und auf der Ölflecke kaum sichtbar waren.

Angehörige der Waffen-SS konnte man unter anderem an ihren Kragenpatten mit den Sig-Runen erkennen, aber auch an verschiedenen Truppenkennzeichen, etwa anhand der Ärmelstreifen (bei der übrigen Wehrmacht fanden diese – außer bei Erinnerungsbändern – nur wenig Verbreitung); außerdem verwendete diese Elitetruppe eigene Dienstgradbezeichnungen ohne die Anrede »Herr«.

KAMFBINDE

Tarnbekleidung

DSCHUNGEL-TARNUNIFORM DER SÜDVIETNAMESISCHEN ARMEE

EINE WICHTIGE AUFGABE DES MODERNEN Kampfanzuges besteht darin, seinen Träger möglichst gut zu tarnen, indem er ihm hilft, mit seiner Umgebung zu verschmelzen. Während des Zweiten Weltkrieges wurden Tarnuniformen nur in begrenztem Umfang getragen und dann meist von Eliteverbänden wie der Waffen-SS, die Pionierarbeit auf diesem Gebiet leistete. Seit damals haben sich bei den meisten Streitkräften Tarnuniformen durchgesetzt, und heute trägt sogar die Bundeswehr wieder Tarnbekleidung. An den unzähligen Variationen, die es bei der Farbgebung und den Tarnmustern gibt, lassen sich die unterschiedlichen Einsatzgebiete ablesen, in denen Truppen eingesetzt werden können. Es wurden für jede Umgebung speziell abgestimmte Tarnmuster entwickelt: Für den dichten, schattenreichen Bewuchs des Dschungels entwarf man Stoffe mit gedämpften Grün-, Beige- und Brauntönen; während für den Kampf in bebautem Gelände eher verschiedene Abstufungen von schwarz und weiß zum Einsatz kommen. Wüsten-Tarnuniformen, wie sie auch im Golfkrieg getragen wurden, sind überwiegend in braun und beige gehalten, um mit den vorherrschenden Sandtönen zu verschmelzen.

BRITISCHE SPLITTERSCHUTZWESTE IN WÜSTENTARNMUSTER

FELDJACKE DER TSCHECHISCHEN ARMEE

Der Vietnam-Krieg

US ÄRMEL-ABZEICHEN, VIETNAM

WÄHREND DES VIETNAM-KRIEGES (1961–1973) kämpften US-Streitkräfte und die südvietnamesische Armee gegen nordvietnamesische Verbände und die Guerillas des Viet-Cong. Da die Gefechte häufig in dichtem Dschungel stattfanden, trug der amerikanische Soldat eine olivgrüne Uniform aus leichtem Baumwollstoff und einen Helmüberzug mit Tarnmuster. Die US-Streitkräfte waren sehr gut ausgerüstet und bewaffnet: sie verfügten über den sogenannten A.L.I.C.E.-Rucksack (All-Purpose Lightweight Individual Carrying Equipment, also »Leichte Persönliche Allzweck-Trageausrüstung«), in dem beispielsweise neben der üblichen Ausrüstung auch Minen und Nebelgranaten Platz fanden. Zusätzliche Magazine für das M16-Gewehr wurden oft in Stoffbandeliers mitgeführt. Die regulären nordvietnamesischen Truppen und der Viet-Cong hingegen waren recht leicht bewaffnet und sehr einfach gekleidet. Der nordvietnamesische Infanterist kam meist in khakifarbenen und der Viet-Cong in schwarzen Stoffen daher; beide trugen aus Gummireifen improvisierte Sandalen und beförderten ihre Reisrationen in schlauchförmig zusammengenähten Schals.

SERGEANT, 199TH LIGHT INFANTRY BRIGADE

FELDAUSRÜSTUNG DER US-ARMEE

Moderne See-streitkräfte

BEI VIELEN MODERNEN SEESTREITKRÄFTEN lassen sich hinsichtlich der Uniformierung zahlreiche Gemeinsamkeiten erkennen. Die sowjetische Matrosenuniform mit ihrer schirmlosen Mütze, dem blau-weiß-gestreiften Hemd, dem eckigen Kragen, der kurzen Bluse und den ausgestellten Hosen steht stellvertretend für den traditionellen Uniformstil der Marine, der sich in vielen Ländern gehalten hat. Mützenbänder zeigen normalerweise an, auf welchem Schiff der betreffende Matrose Dienst tut. Der abgebildete Offizier der US-Marine mit weiß-blauer Schirmmütze, zweireihigem Rock, Hemd mit Langbinder und Hosen trägt eine für Marineoffiziere typische Uniform. Die Unterschiede zwischen den einzelnen Ländern liegen vor allem im Detail, wie etwa den Abzeichen und Knöpfen, aber auch bei den Ärmelabzeichen. So trägt der amerikanische Kapitän zur See über seinen goldenen »Kolbenringen« einen Stern, während bei der britischen Royal Navy dieser Dienstgrad durch eine Schleife an der obersten Tresse gekennzeichnet ist.

Die kämpfende (Boden-) Truppe der Marine ist die Marineinfanterie. Die hier gezeigte Uniform des Königlich-Niederländischen Marinekorps ist exemplarisch: Obwohl sie an die Uniform der Landstreitkräfte erinnert, verdeutlicht das Ankerabzeichen des Baretts die Verbindung mit der Marine.

Strahljäger-Piloten

MODERNE STRAHLFLUGZEUGE OPERIEREN MIT HOHEN Geschwindigkeiten und in großen Höhen; die Fliegerbekleidung muß daher gewährleisten, daß ihre Besatzungen unter diesen extremen Bedingungen ihre Aufträge erfüllen können. Über ein Anschlußaggregat ist jedes Besatzungsmitglied mit den Lebenserhaltungssystemen des Flugzeugs verbunden. Es versorgt nicht nur die Atemmasken mit Sauerstoff, sondern sorgt auch für den richtigen Druck in den Druckausgleichshosen (auch Anti-g-Hosen genannt), die den sogenannten g-Kräften entgegenwirken, denen die Besatzungen bei hohen Geschwindigkeiten ausgesetzt sind. Das Anschlußstück stellt außerdem die Verbindung zwischen der Bordsprechanlage und dem Mikrofon in der Sauerstoffmaske, beziehungsweise den Kopfhörern im Fliegerhelm dar. Der Helm ist zum Schutz des Kopfes gepolstert und ist sowohl mit einem klaren als auch einem getönten Visier ausgestattet. Kniebretter zum Schreiben, Kartentaschen und Stifthalter sind so an den Oberschenkeln und Ärmeln angebracht, daß sie leicht zugänglich sind. Die Besatzungen tragen Überlebenswesten, falls sie einmal »aussteigen« müssen; die darin enthaltene Ausrüstung ermöglicht es ihnen unter anderem, die Aufmerksamkeit von Rettungstrupps auf sich zu lenken.

ÜBERLEBENSWESTE FÜR PILOTEN

FLIEGERKOMBINATION

HAUPTMANN DER ROYAL AIR FORCE

DRUCKAUSGLEICHSHOSE (ANTI-G-HOSE)

Register

A

A.L.I.C.E.-Rucksack 54
ABC-Schutzmaske 49
Absatzplatte 36
Abzeichen
  Alpini 26
  auf Kopfbedeckungen 27
  Carabinieri 27
  für den Kriegseinsatz 42
  London Scottish 42
  Nordstaaten-Infanterie 33
  Royal Flying Corps 47
  Russischer Grenadier 24
  US-Armee in Vietnam 54
  US-Truppenteil 53
  Waffen-SS 27
Achselband 15
Achselklappe
  Französischer Grenadier 25
  Indische Armee 39
  Khaki-Uniformen 38
  London Scottish 42
  Royal Flying Corps 46, 47
  Russischer Grenadier 24
  Südstaateninfanterie 34
Achselstück 15
Achselstück-Unterlage 27
Admiralshut, Royal Navy 29
Adrian-Stahlhelm 43
Agraffe 29
Aibiki-no-kohaze (Knebel an der Samurai-Rüstung) 12
Aibiki-no-ô (Schulterkordel der Samurai-Rüstung) 13
»Allianz«-Kokarde 21
Amerikanische Bundesarmee 21
Amerikanischer Bürgerkrieg 32–35, 19, 44
Amerikanisches Rückengepäck 44
Amerikanischer Unabhängigkeitskrieg 20–21
Anker, WRNS 19
Anschlußaggregat 58, 59
Anschlußstück
  ABC-Schutzmaske 49
  Volksgasmaske 49
Anti-g-Hose 58
Anziehhilfe 37
Arkebusier 17
Ärmelaufschlag
  Amerikanische Bundesarmee 21
  Britischer Infanterieoffizier 20
  Coldstream Guards 20
  Französischer Füsilier 25
  Französischer General 15
  Französischer Grenadier 21
  Garde Impériale 24
  Husarenoffizier 23
  Karabinieroffizier 23
  Südstaatengeneral 35
  Südstaatenkavallerie 35
Ärmelmanschette 29
Ärmelpatte
  Garde Impériale 24
  Karabinieroffizier 23
Ärmelrangabzeichen 23
Ärmelrangtresse
  Royal Navy 15, 29
  US-Marine 56

B

Ärmelstreifen
  »Großdeutschland« 51
  »Leibstandarte« 50
Ärmeltasche 52
Ärmelvorstoß 15
Armschutzröhre 11
Äskulapstab 27
Astrachan-Barett 19
Atemmaske 58, 59
Atemschlauch
  ABC-Schutzmaske 49
  US-Gasmaske 45
Aufschiebeschlaufe mit Namenszug 50
Aufschlagfutter 38
Augenfenster
  ABC-Schutzmaske 49
  US-Gasmaske 45
  Volksgasmaske 49
Augenschirm
  Englische Rüstung 9
  Italienische Sturmhaube 48
  Sturmhaube 17
Ausgußrohr 40, 41
Auszeichnungsbandeau
  Britische Ulanen 15
  Preußen 27

Backenstück 48
Bajonettasche 43
Ballengeschübe 9
Balteus (Römisches Schwertgehänge) 6, 7
Bandelier
  Französische Marine 28
  Vietnamkrieg 54
Bandgestell, US-Gasmaske 45
Bärenfellmütze
  Britischer Grenadier 20
  Ungarischer Grenadier 24
  Garde Impériale 24
»Bärentatze« 24
Barett, Niederländisches Marinekorps 56
Barutdan (Indisches Pulverhorn) 11
»Baseball«-Handgranate 54
Bauchgurt 16
Bauchreifen 8
Baumwoll-Gamasche 33
Baumwollschal 43
Befestigungsnadel 15
Befestigungsniete für Helmfutter 45
Befestigungsöse 7
Befestigungsring 22
Befiederung 41
Behangspiegel 19
Beingurte des Schleudersitzes 58
Beinröhre 9
Beinröhrenvorderstück 36
Beinschiene 7
Beintasche
  Englische Rüstung 9
  Pikenier 16
Beinzeug 36
Belgischer Uniformrock 58
Bellerophon 27
Bellona (Darstellung auf römischer Beinschiene) 7
Belüftungsloch
  Geschlossener Helm 48
  Sturmhaube 18
Beobachter-Abzeichen, Royal Flying Corps 47
Beschlag 19
Beweglicher Kolben 40

Bewegliches Naseneisen 10
Bonnet à poil (Grenadier-Bärenfellmütze) 24
Bonnet de police (Französische Feldmütze) 43
Borte 20
Boullions
  Royal Navy 29
  Epauletten 26
Brechleiste
  Deutsches Beinzeug 36
  Englische Rüstung 8
  Pikenierrüstung 16
Britische Offiziersstiefel 37
Britisches Patronenbandelier 37
Britisches Webkoppel 41
Bronzehaken 7
Bronzehelm 18
Bronzescharnier 7
Brotbeutel
  Coldstream Guards 20
  Französischer Infanterist 43
Brotbüchse 45
Brünne 48
Brustpanzer
  Arkebusier 17
  Indische Rüstung 11
  Pikenier 16
Brustrabatte
  Coldstream Guards 20
  Garde Impériale 24
  Royal Navy 29
Bruststück 9
Brusttragetasche 55
Brustverschnürung, Südstaaten 35
Buschmesser 55

C

Caliga (Militärsandale) 6
Capote (Mantel) 43
Chagrinlederband 36
Chenille (Helmraupe) 23
Chiltar-Hasar-Mascha (Rock-der-Zehntausend-Nägel) 11
Chinesische Hofbeamten-Tracht 14
Chinesische Stiefel 36
Chinesischer Hofbeamter 14, 36
Claymore-Mine 54
Codebüchlein 59
Coldstream Guards 20
Cravat (Halsbinde) 22

D

D-Ring 40, 42
Daisho (Schwertpaar der Samurai) 13
Dastána (Indische Armschutzröhre) 11
Deckelklappe 49
Deckeltuchbezug 22
Deckelvorstoß 19
Decken- oder Mantelrolle 44, 45
Degen 14, 17
Degen-Tragevorrichtung 40
Degengehänge 17
Degenriemen 16
Delphin (Darstellung auf römischer Beinschiene) 7
Deutsche Sturmhaube 18
Deutsches Beinzeug 36
Deutschland
  Abzeichen 27
  Erster Weltkrieg 43
  Generalmajor 51
  Panzerschütze 50
  Volksgasmaske 49
  Waffen-SS 27, 50
  Wehrmacht 50, 51

Dhofar (Gefechtsspange) 31
Diechling
  Deutsches Beinzeug 36
  Englische Rüstung 9
Dienstgradabzeichen
  Britische Armee 38
  Niederländisches Marinekorps 56
  Nordstaatengeneral 32
  Seemann 57
  Südstaaten 35
  Wehrmachtsgeneral 51
Dienstgradstern 27
Dienstrock 38
Distelblätter 26
Divisionsabzeichen
  Royal Armoured Corps 38
  Vietnam 52
Dô (Harnisch der Samurai-Rüstung) 12, 13
Dolch
  Europäisches Gürtelgepäck 41
  Römischer Dolch 6
  US-Grabendolch 45
Dolman (Husarenrock) 23
Donsu (Seidendamast der Samurai-Rüstung) 12
Doppelbrust 8
Dornschloß 35
Doublet (schottischer Waffenrock) 42
Drachenförmiger Verschluß 14
Drachenstickerei 14
Dragonerhelm 19
Drehgelenk 9
Drehzapfen 48
Dreispitz
  Amerikanische Bundesarmee 21
  Coldstream Guards 20
Dreißigjähriger Krieg 16, 18
Drillichgamaschen 33
Drillichuniform 39
Dritter Burmakrieg (Gefechtsspange) 31
Druckausgleichshose 58
Druckklammer 58
Dschibba (Sudanesischer Kaftan) 11
Dschungel-Tarnuniform 52, 54
Dschungelhut 54
Dschungelstiefel 54

E

Eichenlaub
  Deutsche Generalsmütze 51
  Französischer General 15
  Purple Heart 30
  Sowjetische Mütze 19
Einnäher 53
Eisenschuh
  Deutsches Beinzeug 36
  Englische Rüstung 9
  Italien 36
Enfield-Bajonett 44, 45
Englischer Bürgerkrieg 16–17
Entenschnabelhaken 40
Epauletten 26–27
  Französischer General 15
  Garde Impériale 24
  Karabinieroffizier 23
  Britische Kavallerie 26
  Französische Infanterie 26
  Französische Karabiniers 26
  Französische Marine 28
  Royal Navy 29
Erste-Hilfe-Ausrüstung 59

Erster Weltkrieg 26, 27, 37, 38, 40, 41, 42–43, 44, 45, 46, 47, 49
Evzone 14

F

Falkland Defence Force 27
Fallschirmspringerabzeichen 56
Falsche Tasche
  Füsiliere 25
  Garde Impériale 24
Faustriemen 33
Federbolzen 8
Federbusch
  Französischer General 15
  Südstaatenkavallerie 35
Federbüschel 48
Federbuschhalter 15
Federbuschtrichter 15
Federhülse
  Französische Dragoner 19
  Französische Husaren 22
  Französische Ulanen 19
  Indische Panzerkapuze 48
  Indischer Helm 11
  Persischer Helm 18, 49
  Schützenhaube 16
  Spanischer Morion 18
Federstutz
  Garde Impériale 24
  Persischer Helm 49
Feldausrüstung 54
Feldbluse
  Britischer General 38
  Britischer Major 38
  Deutscher Unteroffizier 43
  Generalmajor des Heeres 51
Feldbluse
  Französischer Infanterist 43
  Französisches Rückengepäck 44
  US-Bürgerkrieg 44
  US-Infanterie 54
  US-Wüstentarnuniform 53
Feldflasche
  Französische Armee 53
  NVA 53
  Tschechische Armee 52
  US-Armee 53
Feldflaschentasche 45
Feldhose
  US-Wüstentarnuniform 53
  Vietnam 52
Feldjacke
  Französische Armee 53
  NVA 53
  Tschechische Armee 52
  US-Armee 53
Feldküriss 9
Feldmütze
  Schiffchen 50
  Käppi 53
  Nordstaaten 34
Felduniform 53
Fermeli (Evzonenweste) 14
Feststellzunge 26
Feuerfester Handschuh 58
Fez
  Evzone 14
  Zuaven 33
Filter, ABC-Schutzmaske 49
Filterbüchse 45
Filtereinsatz 49
Filzhut 17
Filzstiefel 37
Fingergeschübe 8, 9
Flansch 16, 17
Fleischbüchse 45
Flieger-Kopfbedeckung 46
Flieger-Kopfhaube 46
Flieger-Ledermantel 46
Fliegerbrille 46

Fliegerhelm 58
Fliegerkombination 58
Fliegerschutzhelm 59
Fliegerstiefel
  Royal Air Force 37
  Royal Flying Corps 46
  US-Luftwaffe 27
Formationsabzeichen 27
  4. Panzerbrigade 27
  Britische Luftlandetruppen 27
  US-Luftwaffe 27
  US-Panzerdivision 27
Fourragère (Achselschnur) 43
Frankreich
  Dragoner 19
  Füsilier 25
  Garde Impériale 24
  General 15
  Grenadier 21
  Husar 23
  Infanterieausrüstung 43, 44
  Jäger zu Fuß 43
  Karabinier 23
  Kepi 18
  Marine 28
  Orden 31
  Rückengepäck 44
  Tarnuniform 53
  Ulan 19
Fransenepaulette 21
»Fritz«-Helm 53
Fuchi (Zwinge des Samurai-Schwertes) 13
Fukigaeshi (Schutzklappe des Samurai-Helmes) 13, 18
Füsilierrock 25
Fustanella (Evzonenrock) 14
Futter aus Tartanstoff 42

G

Gabel 45
Galea (Römischer Helm) 7
Gamaschen, Füsiliere 25
Garde-Fußartillerie-Regiment 27
Gardes du Corps 18
Gardestern
  Garde-Fußartillerie-Regiment 27
  Gardes du Corps 18
Garniturstempel 53
Gasmaske 43
Gasmaskentasche 45
Gasschutzmaske 54
Gattari (Halterung für Flagge des Kriegsherrn der Samurai-Rüstung) 13
Gefechtsspange 30, 31
Geknöpfte Überhose 21
Generalssterne
  Nordstaaten 32
  Südstaaten 35
Gepäcktasche 44, 45
Gesäßtasche 52
Geschlossener Helm 48
Geschübelbrust 8
Gesichtsmasken 48–49
  Royal Flying Corps 46
Gestreiftes Marinehemd 57
Getöntes Visier 59
Getriebenes Helmdekor 18
Gewürzdose 45
Gladius (Römisches Kurzschwert) 7
Gleitniet 18
Glengarry-Mütze 42
Goldbouillons 26
Goldboullions 26
Royal Navy 29
Goldrandtresse 22
  Royal Navy 29
  Ulanenoffizier 15
Golfkrieg 27
Grabendolch 45
Gradsterne 29
Grenadieroffizier, Garde Impériale 24

H

Habaki (Ansatz des Samurai-Schwertes) 13
Habit (Rock) 21, 23
»Hackle« (Federstutz) 19
Hahnenfedern 19
Haidate (Schößchenschutz der Samurai-Rüstung) 12
Hakensperre 48
Halbharnisch 16
Halbmond 26
Halsberge
  Arkebusieroffizier 17
  Pikenier 16
Halsbinde
  Französischer Grenadier 21
  Royal Navy 29
Halsfolge 18
Halsreifen 48
Halsschutz 48
Halterung für Anschlußaggregat 58
Hamon (Gehärtete Schneide des Samurai-Schwertes) 13
Handgeschübe 17
Handgranate 45
Handschuh aus Kettengeflecht 10
Handschutz 7
Hardee-Hut 33
Harnischhandschuh 9, 17
Harnischkragen 9
Hasta (Römische Lanze) 6
Häuserkampf-Tarnung 53
Helm
  Arkebusier-Sturmhaube 17
  Chinesischer Beamter 14
  Deutscher Stahlhelm 43
  Dragoner 19
  Englische Sturmhaube 9
  Fliegerschutzhelm 59
  Französischer Stahlhelm 43
  »Fritz«-Helm 53
  Gardes du Corps 18
  Geschlossener Helm 48
  Indische Sturmhaube 11
  Italienische Sturmhaube 48
  Kaiserlich-Gallisch 7
  Paradesturmhaube 18
  Persische Sturmhaube 10, 18, 49
  Römischer Bronzehelm 18
  Samurai 12, 13, 18
  Schaller 48
  Schützenhaube 16
  Spanischer Morion 18
  US-Stahlhelm 19
  Vietnam 54
Helm- und Mützenabzeichen 27
Helmbarte 16
Helmbeschlag 27
Helmbrünne
  aus Kettengeflecht 10
  Indischer Helm 11
  Persischer Helm 18, 49
Helmbusch 14
Helmbuschtülle 7

Große Ordensschnalle 15, 30
Großuniform
  Admiral der Royal Navy 15
  Vize-Admiral der Royal Navy 29
Gurkha-Hut 38
Gurtbandstrippe 37
Gürtelgepäck 41
Gürtelschiene 7
Gürteltasche 41

Helmglocke
Französische Drago-
ner 19
Geschlossener Helm
48
Persischer Helm 49
Schaller 48
Schützenhaube 16
Spanischer Morion 18
Sturmhaube 17, 18
Helmkamm
Italienische Sturmhau-
be 48
Schützenhaube 16
Sturmhaube 17
Helmknopf 18
Helmspitze 10, 18
Helmtarnnetz 19
Helmzier 7
Hemdenkragen, Marine
57
Hinterkrempe 29
Hinterschirm 18
Hinterschoß 29
Hishinui-ita (Untere
Platte der Samurai-
Rüstung) 12
Ho-Chi-Minh-Sandalen
55
Hoheitsabzeichen
Deutsches Reich 27
Leibstandarte 50
Wehrmachtsgeneral
51
Holster 41
Höröffnung 48
Hosenbiese
Französischer Infante-
rist 43
Nordstaatengeneral
32
Ungarischer Grena-
dier 24
Hosenstreifen 56
Hosenstreifen für Unter-
offiziere 33
Hosenträgerstrippe 43
Hülse für Pulverladung
40
Husaren-Regiment Nr.2
23
Husaren-Regiment Nr.5
22
Husaren-Regiment Nr.8
22
Husaren-Reithose 23
Husarenschärpe 22
Hut 28
Hutabzeichen 26
Hutagraffe 29
Hutband 19
Hutborte 20
Hutkordel
Nordstaaten-Infanterie
33
Österreichische Kai-
serjäger 19
Hutkrempe 19
Hutpuschel 21

I

Ieji (Stoffutter der Samu-
rai-Rüstung) 13
Ikada (Eisenlamelle der
Samurai-Rüstung) 12,
13
Indische Radschputen-
Rüstung 11
Indischer Schulterschutz
10
Infanterie
Amerikanische Bun-
desarmee 21
Coldstream Guards 20
Epauletten 26
Erster Weltkrieg 42,
43, 44, 45
Konföderierte Armee
35
Nordstaatenarmee 34
Vietnam 54
Infanterie-Kampfabzei-
chen 54
Infanterie-Regiment Nr.6
(Frankreich, 1. Welt-
krieg) 43
Infanterie-Sturmabzei-
chen 51

Innenfutter 34
Intercom-Verbindungs-
stück 59
Ita (Plattenring der
Samurai-Rüstung) 12
Italienische Eisenschuhe
36

J

Jagdhorn 19
Jambière (Ledergama-
sche) 33
»Jefferson Bootee«
(Schnürschuh) 33
Jerboa (Wüstenratte) 27

K

Kabuto (Helm der Samu-
rai-Rüstung) 12, 18
Kabuto-no-ô (Samurai-
Helmkordel) 13, 18
Kaftan 10
Kaiserjäger 19
Kaiserlich-Gallischer
Helm 6
Kake-ô (Befestigungs-
band der Samurai-
Rüstung) 13
Kaman (Indischer
Bogen) 41
Kammerstempel 52, 53
Kampftasche 44, 45
Kamr (Indischer Patro-
nengürtel) 11, 41
Kamuri-ita (Obere Platte
der Samurai-Rüstung)
12
Kantillenbehang 26
Käppi
Französischer Offizier
18
Nordstaatengeneral
32
Südstaatenoffizier 34
Kapuze 52
Karabinerbandelier 17,
33
Karabinerhaken 32, 44,
45, 51
Karabinieroffizier 23
Kartenbrett 46
Kartentasche 46
Kartuschkasten 23
Kartuschkasten-Bande-
lier 22
Kasack 17
Kashira (Knaufbeschlag
des Samurai-Schwer-
tes) 13
Katana (Samurai-Lang-
schwert) 13
Kautschukhülle 44
Kavallerie
Britische 15, 19, 26
Französische 22, 23
Nordstaaten 32
Südstaaten 35
Kettengeflecht 10
Kettenhemd 6
Khanda (Indischer
Säbel) 11
Kilt 42
Kinnreff 48
Kinnriemen 19
Kissaki (Spitze des
Samurai-Schwertes)
13
Klapphose 57
Klares Visier 59
Kleine Ordensschnalle
30, 38
Wehrmachtsgeneral
51
US-Marine 56
Kleiner Dienstanzug 28
»Kleist-Stickerei« 51
Klettverschluß 53, 58
Knebel, Husarenschärpe
22
Knebelknopf 17
Kniebrett 58
Kniebuckel
Römische Beinschie-
nen 7
Deutsches Beinzeug
36

Englische Rüstung 9
Kniebundverschluß 39
Kniehose
Coldstream Guards 20
Musketier 16
Pikenier 16
Royal Navy 29
Kniekachel 36
Knieöffnung 58
Knieriemen
Englische Rüstung 8
Fliegerstiefel 47
Knobelbecher (Deutsche
Marschstiefel) 47
Knöchelauftrieb 36
Knöchelgeschübe 9
Knopffortsatz 6
Kochgeschirr
Französisches Rücken-
gepäck 44
US-Infanterie 45
Koftgari (Tauschierte
Goldverzierung) 10
Kohire (Schulterpolste-
rung der Samurai-
Rüstung) 12
Kokarde
Coldstream Guards 20
Französische Tschap-
ka 19
Französischer Füsilier
25
Französischer Grena-
dier 21
Französischer Husar
22, 25
Wehrmachtsgeneral
51
Kolberg 26
Konföderierte 34–35
Königlich-Niederländi-
sches Marinekorps 56
Konter-Epaulette 26
Kopfhörer 59
Kopfteil 15
Koppel
Leibstandarte 50
London Scottish 42
Wehrmachtsgeneral
51
Koppelschließe 41
Koppelschloß
des Staates New York
33
mit US-Wappenadler
33
Deutscher Unteroffi-
zier 43
Leibstandarte 50
London Scottish 42
Sowjetische Marine
56
Koppeltragegestell
Deutscher Unteroffi-
zier 43
Französischer Infante-
rist 43
US-Infanterie 45
US-Wüstentarnuni-
form 53
Korallenschmuck 40
Kordelzug 52
Kosaru (Schlaufe an der
Samurai-Rüstung) 12
Kote (Gepanzerter
Ärmel) 12, 13
Kragen 25
Kragenabzeichen 58
Kragenbinde
Belgische Armee 38
Royal Flying Corps 47
Kragenpatte
Deutscher Unteroffi-
zier 43
Französischer Infante-
rist 43
für Generale 38
für Kragenriegel 53
SS-Führer 27
SS-Panzerschütze 50
Wehrmachtsgeneral
51
Kragenriegel 46
Kragenvorstoß
Nordstaaten 33
Südstaaten 34
Kragenwulst 48
Krempe 55
Kriegsdienstzeit-Abzei-
chen (1914–1918) 38
Krossia (Evzonenschurz)
14
Kugelbehälter 41
Kugelbeutel 16, 40
Kugelknopf 23
Kugeltasche 11
Kulah-Khud (Indo-Persi-
sche Sturmhaube) 10,
18, 49
Kulah-Zirah (Indische
Panzerkapuze) 48
Kullah (Indische Kappe)
39
Küraß
Karabinieroffizier 23
Schweizergarde 14
Kürasskettenriemen
23
Kürassmanschette 23
Kürassierstern 23
Kurigata (Trageöse des
Samurai-Schwertes)
13
Kurta (Indische Bluse)
39
Kusari (Kettengeflecht
der Samurai-Rüstung)
12, 13
Kusazuri (Panzerrock
der Samurai-Rüstung)
12
Kuvert
Britische Tschapka 15
Französische Tschap-
ka 19

L

Lackleder 20
Ladestreifen 45
Lampassen 51
Landungsuniform 28
Langbinder 56
Larvenvisier 48
Laufbahnabzeichen
Feldzeugtruppe 56
Seeoffizier 56
Lebel-Gewehr 43
Lederfaustriemen 40
Lederfuß 37
Ledergamasche 20
Lederhalsbinde 21
Lederkoller 17
Lederkoppel 35
Lederzeug 20
Leib-Grenadier-Regi-
ment Nr.8 (Deutsch-
land 1. Weltkrieg) 43
Leibbinde 33
Leibriemen 41
Leinenhemd 16
Leinenstrumpf 16
Leistungsabzeichen für
U-Boot-Besatzungen
56
Leuchtsignale 59
London Scottish Battali-
on 42
Lorbeerkranz 32
Lorbeerkranz, WRNS 19
Lorbeerkranz-Abzeichen
35
Lorbeerzweige 41
Lorica Hamata (Römi-
scher Ringelpanzer) 6
Lorica Segmentata
(Römischer Schienen-
panzer) 6
Löwenkopfrosette 15
Löwenkopfschließe 22
Löwenmaske 41
Lunte 16
Luntenschloßmuskete
11, 16

M

M16-Sturmgewehr 53,
54
Mabezashi (Samurai-
Helmschirm) 13, 18
Malteserkreuz 19
Mamelukengefäß 41
Marine
Australien 56
Frankreich 28

Großbritannien 28–29,
56
Kanada 56
Niederlande 56
Sowjetunion 56, 57
USA 56
Mars (Darstellung auf
römischer Beinschie-
ne) 7
Marschallstab 26
Maskenkörper
ABC-Schutzmaske 49
US-Gasmaske 45
Volksgasmaske 49
Matrosenbluse 57
Matrosenmütze 56
Mäusel 9
Médaille Militaire 43
Medaillen
1939–1945 Star 30
Africa Star 30
Defence Medal 30
Dienstmedaille
(Oman) 31
Distinguished Service
Medal 30
Ehrenmedaille des
Kongresses 30
India General Service
Medal (Allgemeine
Dienstmedaille-Indi-
en) 31
Korea-Medaille 31
Kriegsmedaille (Finn-
land) 31
Medaille für den
Zweiten Anglo-Afgha-
nischen Krieg 30
Queen's South Africa
Medal 31
Verwundetenmedaille
(Ägypten) 31
War Medal 30
Mehrzweck-Werkzeug
55
Mempo (Halbmaske der
Samurai-Rüstung) 12,
13
Messer 45
Messing-Namenszug 42
Messingnägel 11
Metallgitter 49
Metallhelm 23
Metallschutzeinlage 54
Metalltülle 42
Mikrofon 59
Minerva (Darstellung auf
römischer Beinschie-
ne) 7
Miniaturordensschnalle
50
Mizu-nomi-no-ô (Kordel
der Samurai-Rüstung)
13
Mohairband 19
Monmouth-Mütze 16
Montero-Mütze 16
Morion
Schweizergarde 14
Spanien 18
Mot-Schützen-Regiment
53
Muchi-sashi-no-ana
(Schlitz für Reitgerte
in der Samurai-
Rüstung) 12
Muna-ita (Obere Brust-
panzerung der Samu-
rai-Rüstung) 12
Mune (Klingenrücken
des Samurai-Schwer-
tes) 13
Muschel 9
Musketengabel 16
Musketier 16
Musketierdegen 16
Mützenabzeichen
Carabinieri-Offizier
27
Sowjetischer Stern 56
US-Marine 56
US-Offiziere 27
Mützenband 42
»Kriegsmarine« 56
Sowjetische Mütze 19
Mützendeckelver-
schnürung 52, 54
Mützenkordel
Wehrmachtsgeneral
51

Sowjetische Mütze 19
Mützenschirm 34

N

Nackenschirm
Römischer Helm 7, 18
Sturmhaube 17
Napoleonische Kriege
15, 19, 22, 23, 24, 25,
28, 29
Napoleons Monogramm
19
Naseneisen
Indischer Helm 11
Persischer Helm 18,
49
Nasenschutz 46
Nebelgranate 54
Nelson, Lord Horatio 28-
29
New York Volunteers 33
Nierendolch 41
Nocke 41
Nordafrika
Gefechtsspange 30
Pulverhorn 40
Pulvermaß 40
NVA (Nationale Volksar-
mee) 53

O

Oberarmröhre 9
Oberschenkelschutz 11
Ocrea (Römische Bein-
schienen) 7
Offizierhelm, Gardes du
Corps 18
Offiziermütze 56
Offizierrock
Garde Impériale 24
Royal Flying Corps 47
Offiziertschapka 15
Ohrenrolle 46
Ohrenschutz 7
Orden
1914 Star 38
1914/1915 Star 47
Bath-Orden 29
Bayrischer Maximili-
ans-Orden 15
Croix de Guerre 31,
43
Eisernes Kreuz
(Preussen) 31
Eisernes Kreuz (Deut-
sches Reich) 51
Großkreuz des Halb-
mondordens 29
Königlicher und
Militärorden des Heili-
gen Ferdinand 29
Kreuz der Ehrenlegion
22, 31
Légion d'Honneur 31
Militärorden des Hl.
Hermenegild 31
Orden des Heiligen
Joachim 29
Orden des Hl. Ludwig
31
Ordensband des
Hosenbandordens 15
Ordenszeichen des
Hosenbandordens 15
Order of the Indian
Empire 31
Polnisches Tapfer-
keitskreuz 51
Pour le Mérite 30
Roter-Stern-Orden 30
Sankt-Annen-
Militärorden 30
Sankt-Wladimir-
Militärorden 30
Stern des Bath-Ordens
14, 15
Stern des Hosen-
bandordens 15
Viktoria-Kreuz 31
Wilhem-Ernst-Kriegs-
kreuz (Sachsen-Wei-
mar) 51
Ortband 7
Ortblech 41
Österreichischer Adler
19

P

Pallasch 23
Pantalons 39
Panzerabwehrwaffe LAW
54
Panzerhose, Leibstan-
darte 50
Panzerjacke, Leibstan-
darte 50
Panzerplatte 11
Panzerstiefel 11
Paradeadler 18
Parierstange 9, 43
Partisane 14
Patronenbandelier
Britisch 41
Musketier 16
Patronengürtel 11
Patronenhülse 16
Patronentasche
Amerikanische Bun-
desarmee 21
Britisches Webkoppel
41
Coldstream Guards
20
Deutscher Unteroffi-
zier 43
Französische Marine
28
Französischer Grena-
dier 21
Französischer Infante-
rist 43
Nordstaaten 32
Russischer Grenadier
24
US-Infanterie 45
Pegasus 27
Pelerine 33
Perkussionsgewehr 33,
35
Persische Rüstung 10
Pfannenschieber 16
Pfeifenschnur 42
Pferdehaarbusch
Britischer Tarleton 20
Britischer Tschako
19
Pfriem 40, 41
Pikenier-Feldwaibel 16
Pilotenstiefel 58, 59
Pilum (Römischer Wurf-
speer) 6
Pistolentasche 51
Pizhuan (Ärmel der Chi-
nesischen Rüstung)
14
Platzende Granate
Britische Kavallerie
26
Französischer Karabi-
nier 26
Garde Impériale 24
Scots Greys 26
Pluderhose 14
»Polnische Naht« 15
Portepee
Französische Marine
28
Französischer Husar
22
Französischer Karabi-
nier 23
Garde Impériale 24
Preßluftkartusche 59
Preussen
Eisernes Kreuz 31
Garde-Fußartillerie-
Regiment 27
Gardes du Corps 18
Gardestern 18, 27
Paradeadler 18
Pour le Mérite 30
Preußische Krone 18
Preußischer Adler 27
Provisorisches Kolonial-
Marinebataillon 28
Pugari (Turban) 39
Pugio (Römischer Dolch)
6
Pulverflasche 40
Pulverhorn
Indisch 11
Nordafrika 40
Pulverkartuschen 40
Pulvermaß 40
Pulversperre 40

Purple Heart-Verwunde-
tenabzeichen 30

Q

Quaste 24, 25, 32, 49
Querriegel für Seitenha-
ken 50

R

Rabatte
    Amerikanische Bun-
desarmee 21
    Britischer Infanterieof-
fizier 20
    Französischer Grena-
dier 21
    Royal Navy 29
Rak (Indische Panzer-
stiefel) 11, 37
Randleiste 6
Randtresse 41
Randversteifung 26
Rangschnur 35
Raupe 19
Regenponcho 54
Regimentsabzeichen
    London Scottish 42
    Royal Tank Regiment
19
Regimentsknopf 38,
42
Reichskokarde 18
Reithose 22
Ringelpanzer 10
Ristgeschübe
    Deutsches Beinzeug
36
    Englische Rüstung 9
    Italienische Eisen-
schuhe 36
Ristriemen 47
Rock
    Coldstream Guards 20
    Russischer Grenadier
24
    der-Zehntausend-
Nägel 14
Rockfutter 51
Rockschoß 25
Rockschoßornament
    Britischer Infanterieof-
fizier 20
    Französischer Grena-
dier 21
Rockvorstoß
    Nordstaaten 34
    Südstaaten 35
Rollschnalle 37
Römischer Auxiliarreiter
6
Römischer Legionär 6
Roßhaarquaste 42
Roter Stern 19
»Rotröcke« 20
Royal Air Force 58
Royal Armoured Corps
38
Royal Flying Corps
46–47
Royal Navy 19
Royal Tank Regiment 19
Royalisten 17
Rückenpanzer 16, 17
Ruhmestrophäen 26
Russischer Grenadier 24

S

Säbel 22, 28, 33, 35, 41
Säbelgehänge
    Französischer Grena-
dier 21
    Nordstaatengeneral
32
Säbelportepee 41
Säbeltasche41
Säbeltaschenriemen 22,
41
Säbeltrageriemen 32
Säbeltroddel 24
Sage-ô (Samurai-
Schwertkordel) 13
Saihai-no-kwan (Befesti-
gungsring an der
Samurai-Rüstung) 12

»Sam Browne«-Koppel
40
Sauerstoffmaske 59
Saya (Scheide des Samu-
rai-Schwertes) 13
Schaffellfutter 47
Schahar-Aina (Persi-
scher Brustpanzer) 10
Schaller 48
Scharnier
    Englische Rüstung 9
    Italienische Eisen-
schuhe 36
Scharniernadel 10, 16
Scharnierniete 36
Schärpe
    Arkebusieroffizier 17
    Nordstaaten-Unteroffi-
zier 33
    Pikenier-Feldwebel 16
Schaufel 44, 45
Schaufeltragetasche 45
Scheitelstück 48
Schenkelriemen 8, 9
Schieber 23, 26, 41
Schienenpanzer 6
Schirmmütze neuer Art
51
Schlagringknauf 45
Schlapphut
    Nordstaatenoffizier 19
    Südstaatenkavallerie
35
Schlupftasche 53
Schmetterling (Samurai-
Helmzier) 18
Schmuckband 49
Schmuckbesatz 33
Schmuckhand 49
Schnappsack 16
Schneeüberschuhe 37
Schnitzmesser 41
Schnurbesatz 15
Schnurbörtelung
    Englische Rüstung 8
    Larvenvisier 48
    Spanischer Morion 18
    Sturmhaube 18
Schnurgeflecht-Sohle
36
Schnürkanal 59
Schnürlasche 9
Schnürschuh
    Französischer Infante-
rist 43
    London Scottish 42
    Leibstandarte 50
Schoß 8
Schoßumschlag 24, 25
    Amerikanische Bun-
desarmee 21
    Britischer Infanterieof-
fizier 20
    Coldstream Guards 20
    Französischer Grena-
dier 21
Schoytaschierung 23
Schraubstutzen 49
Schraubverbindung 49
Schulterband 16
Schultergurt für Karabi-
ner 35
Schulterklappe
    Fliegerkombi 58
    Französische Armee
53
    Leibstandarte 50
    Niederländisches
Marinekorps 56
Schulterriegel 32
Schulterriemen 40
Schulterschiene 7
Schulterschutz 11
Schulterstreifen, Royal
Armoured Corps 38
Schulterstück 27
    Royal Navy 15
    Wehrmachtsgeneral
51
    NVA 53
Schultertragegurt 44, 45
    Vietnamkrieg 54
Schultertrageriemen 44
Schulterwulst 17
Schuppenkette
    Britische Tschapka
15, 22
    Französische Tschap-
ka 19

Französischer Husar
22
Britischer Tschako 19
Französische Drago-
ner 19
    Gardes du Corps 18
Schurz 6
Schützenhaube 16
Schutzmaske 49
Schwanenfedern 15
Schwanenhalshaken 41
Schwert 9
Schwertornament 7
Schwimmkragen 59
Schwungkoppel 41
Scots Greys 26
Seidenkokarde 29
Seidenpolster 26
Seidenschärpe 32
Seitenpanzer 10
Sennet-Hut 19
Sergeant
    Frankreich 26
    Nordstaaten 33
    Vietnamkrieg 54
Sergeantenwinkel
    Nordstaaten 33
    Vietnamkrieg 54
Serpentine (Schlange)
16
Sharps-Karabiner 33
Shell Jacket (Kurze Uni-
formjacke) 34
Shikoro (Samurai-
Nackenschirm) 13
Shorts Patent-Tornister
44
Shôzoku-no-ô (Befesti-
gungsband der Samu-
rai-Rüstung) 13
Sig-Runen 27, 50
Signalpfeife 59
Signalspiegel 59
Sode (Schulterschutz der
Samurai-Rüstung) 12,
13
Sowjetische Marine 55
Spangenvisier
    Englische Rüstung 9
    Sturmhaube 17
Spaten 54
Spatha (Langschwert) 6
Sperlingsschnabelvisier
48
Spiegel 25
Splitterhandgranate 54
Splitterschutzmaske 49
Splitterschutzweste 52
Sporenhalter 37
Sporenleder 17, 23
Sporn 9
Sporran 42
SS-Kampfbinde 50
St. Edward-Krone 19
Stahlhelm
    Deutsch, Erster Welt-
krieg 43
    Französisch, Erster
Weltkrieg 43
    US M1, Vietnamkrieg
54
    US M1, Zweiter Welt-
krieg 19
Steg für Achselstück 15
Stehkragen 23, 29, 35
Stichblatt 6
Stiefelhose
    Royal Flying Corps 47
    Südstaatenkvallerie
35
    Wehrmachtsgeneral
51
Stiefelstulpe 36
Stielhandgranate
    Deutscher Unteroffi-
zier 43
    Vietnamkrieg 54
Stielscheibe 48
Stirnleiste 7, 18
Stoffapplikation 11
Stoffbandelier 54
Straußenfeder 35
Strumpfband
    Evzone 14
    London Scottish 42
    Pikenier 16
    Schweizergarde 14
Strumpfhose 14
Stulpenhandschuh 17,

33, 35, 46
Stulpenstiefel 17, 32, 35,
36
Sturmhaube
    Arkebusier 17
    Englische Rüstung 9
    Italien 48
    Persisch 10
Sugake odoshi
    (Schnürung der
Lamellen der Samu-
rai-Rüstung) 13
Suigyu-no-wakidate
    (Samurai-Helmzier
aus Wasserbüffelhör-
nern) 13
Suneate (Samurai-Bein-
schienen) 12, 13

T

Taillenverschluß 52
Takahimo (Kordel zum
Schließen der Samu-
rai-Rüstung) 12
Tarkasch (Indischer
Pfeilköcher) 41
»Tarleton«-Helm 20
Tarnbezug 53, 54
Tarnhemd 52
Tarnhut 53
Tarnstrichelmuster 53
Taschenpatte 20, 38,
42
Taschenvorstoß 24
Tateage (Verbundene
Eisenlamellen der
Samurai-Rüstung) 12
Tätigkeitsabzeichen 27
    Brieftaubenbetreuer
27
    Eisenbahn-Betriebs-
truppen 27
    Grenadier 42
    Marine 57
    Radarschirmpersonal
27
    Taucher 27
Tauschvisier für den
Fußkampf 48
Tekkô (Handrückenplat-
te der Samurai-
Rüstung) 12, 13
Teufelsgesicht 18
»Teufelshorn« 18
Tir (Indischer Pfeil) 41
Tonghu-Xinjing (Chine-
sische Brustplatte) 14
Tongkui (Chinesischer
Helm) 14
Tongxing-Ding-Jia (Chi-
nesischer Kriegsrock)
11
Tôp (Indischer Helm) 11
Torador (Indische Lun-
tenschloßmuskete) 11
Tornister
    Französischer Füsilier
25
    Französisches Rücken-
gepäck 44
    Ungarischer Grena-
dier 24
Tosei Gusoku (Samurai-
Rüstung) 12
Totenkopfabzeichen
    17th Light Dragoons
20
    Leibstandarte 50
»Tourie« (Puschel) 42
Tragegriff 59
Trageriemen 25, 43, 44
Tragering 6, 7, 23
Tragetasche 49
Tragevorrichtung für
Handgranaten 55
Tressenrandeinfassung
26
Tsaruhia (Evzonen-
schuh) 14
Tschako
    Britischer Dragoner
19
    Französischer Füsilier
24, 25
    Französischer Husar
22
    Russischer Grenadier
24

Tschapka
    Britischer Ulan 15
    Französischer Ulan 19
Tsuba (Stichblatt des
Samurai-Schwertes)
13
Tsuka (Heft des Samu-
rai-Schwertes) 13
Tuchband 20
Tülle für Haarbusch 18
Tüllenbajonett 35
Tulpe 19
Tunika 6
Turban 19, 48

U

U-Boot-Offizier 56
Überfäustling 46
Überlebensausrüstung
58
Überlebensweste 58, 59
Überrock
    Nordstaatenartillerie
34
    Südstaatengeneral 35
Überstrumpf 14
Überzug, WRNS 19
Ulanka (Ulanenrock) 14
»Ungarische Hose« 24
Ungarischer Grenadier
24
»Ungarischer Knoten«
24
Uniformjacke 35
Uniformrock
    Belgische Armee 38
    Ungarischer Grena-
dier 24
Unionsadler 33
Unterarmröhre 9
Unterlage 26
Unteroffizier-Kragen-
tresse 43
Unteroffizierbandelier
33
Unteroffizierdegen 33
Unteroffizierkoppel 33
Unteroffizierscharpe 33
US-Gasmaske 45
US-Sturmgepäck 44–45

V

Verbandpäckchen
    Erster Weltkrieg 45
    Vietnamkrieg 54
Verbindungskordel zum
Rettungsfloß 59
Verdeckte Knopfleiste
46
Verriegelungshaken 8, 9
Verschlußspange
    Chinesische Rüstung
11
    Englische Rüstung 8
Verschnürung
    Husarenoffizier 23
    Indische Rüstung 11
Verstärkungskappe 37
Verstellbarer Rüsthaken
8
Verwundetenabzeichen
38
Vietnam-Krieg 54–55, 52
Virginia Cavalry 35
Visier
    Fliegerhelm 58
    Italienische Sturmhau-
be 48
    Schaller 48
Vogelkopfverzierung 10
Volksgasmaske 49
Vorderkrempe 29
Vorderschild 20, 24
Vorderschirm 18, 24
Vorderschoß 29
Vorschnallbart 8

W

Wadenplatte 36
Wadenstutz 42
Waffen-SS
    1. SS-Panzerdivision
»Leibstandarte Adolf
Hitler« 50

2. SS-Panzerdivision
»Das Reich« 27
    Abzeichen 27
    Ärmelstreifen 27, 50
    Kragenpatten 27
    Panzerschütze 50
    Schulterstück, Ober-
sturmführer der Feld-
gendarmerie 27
Waffenfarbe 27, 33, 34,
38, 50, 51
Wakizashi (Samurai-
Kurzschwert) 13
Wams
    Musketier 16
    Pikenier 16
Wamsärmel 14
Wangenklappe
    Römischer Helm 6, 7,
18
    Schützenhaube 16
    Spanischer Morion 18
    Sturmhaube 18
Watagame-no-yoko-ita
    (Obere Rückenpanze-
rung der Samurai-
Rüstung) 13
Webkoppel
    Britisch 41
    US-Infanterie 45
    US-Wüstentarnuni-
form 53
    Vietnam 52, 54
Wehrmacht 50
Weste
    Füsiliere 25
    Husarenoffizier 23
Wickelgamasche
    Französischer Infante-
rist 43
    Französischer Jäger
43
    London Scottish 42
Windschutzleiste 52
Wollfransen 26
Wollsocke 33
Women's Royal Naval
Service (WRNS) 19
Wüstenratte 27
Wüstenstiefel 53

X

Xiongjia (Chinesischer
Unterleibsschutz) 14

Y

Yodare-kake (Samurai-
Halsschutz) 13
Yurugi-ito (Aufhängung
des Plattenrocks der
Samurai-Rüstung) 12

Z

Ziegenfell-Tornister 20
Zierband 7
Zierbeschlag 7
Ziernadel 42
Zinnknopf 16
Zuaven 13
Zündhütchentasche
    Nordstaaten 33
    Südstaaten 35
Zündkrautflasche 16
Zündkrauttasche 41
Zweidorn-Schnalle 51
Zweispitz
    Französischer General
15
    Französischer Grena-
dier 21
    Royal Navy 29
Zweiter Weltkrieg 19,
27, 30, 31, 37, 38, 41,
44, 49, 50–51, 52
»Zwölf Apostel« 16

Danksagungen

Dorling Kindersley möchte sich bedanken bei: Diana Kondell, M.J.R. Allen, sowie den Mitarbeitern und dem Vorstand des Imperial War Museum, London; David Edge und der Wallace Collection, London; Christopher Gravett und dem Vorstandsbeirat der Armouries; Musée de l'Empéri, Salon de Provence; dem Museum of Antiquities und der Society of Antiquaries in Newcastle-upon-Tyne; Andrew Cormack und dem Royal Air Force Museum, Hendon, London; Spink and Son Ltd., London; David Spence, Tina Chambers, Flottenadmiral Lord Lewin (KG, GCB, LVO, DSC) und den Mitarbeitern des

National Maritime Museum, Greenwich, London; D.F. Harding, London; G.W. Harding, York; Mark Dennis, London; Alan Turton, English Civil War Society, Basing House; Michael Butler Collection; J. Craig Nannos, US-Berater, Ardmore, Pennsylvanien; Gettysburg National Military Park, United States National Park Service; der Civil War Library und Museum, Philadelphia, Pennsylvanien; USS Olympia Association, Philadelphia, Pennsylvanien; Dale E. Biever, Boyertown, Pennsylvania; Andrew L. Chernack, Springfield, Pennsylvanien; C. Paul Loane, Cherry Hill, New Jersey; Lawrence R. Schmidt, Burlington, New Jersey; Sergeant Feliciano, Philadelphia, Pennsylvanien; Sergeant Mike Smith, Jonestown, Pennsylvanien; Robert McDonald, Cherry Hill, New Jersey.

Zusätzliche Redaktionsassistenz:
Fiona Courtenay-Thompson, Roger Tritton, Edwina Johnson.

Zusätzliche Photographie:
Peter Chadwick, London; Phil Cramer, Philadelphia, Pennsylvanien.

Zusätzliche Bearbeitung der deutschen Ausgabe:
Karl Veltzé jun., Bad Cannstatt; **Karl Veltzé sen.**, Esslingen.